汉唐长安名相

Famous Prime Ministers of the Han & Tang Dynasties of Chang'an

赵望秦 著

西安出版社

「古都西安」

图书在版编目（CIP）数据

汉唐长安名相/赵望秦著．—西安：西安出版社，2007.6（2015.8重印）
（古都西安丛书）
ISBN 978-7-80712-332-3

Ⅰ.汉… Ⅱ.赵… Ⅲ.宰相-列传-中国-汉代~唐代 Ⅳ.K827=3

中国版本图书馆CIP数据核字（2007）第078076号

古都西安·汉唐长安名相

著　　者：赵望秦
出版发行：西安出版社
社　　址：西安市长安北路56号
电　　话：（029）85253740　85234426
邮政编码：710061
印　　刷：西安建科印务有限责任公司
开　　本：850mm×1168mm　1/32
印　　张：6.75
字　　数：170千
版　　次：2007年6月第1版
2015年8月第4次印刷
ISBN 978-7-80712-332-3
定　　价：14.00元

《古都西安》丛书编纂委员会

序

崔林涛

西安是享誉国内外的历史文化名城，有着深厚的经济社会根基、丰富的文化底蕴和久远的文明传承。在中华民族发展的历史长河中，古都西安处于极为重要的地位，发挥了重大的历史作用，拓印下无比瑰丽的史诗和波澜壮阔的画卷。

“八川分流绕长安，秦中自古帝王州”。西安古称长安，是中华民族的重要发祥地和文化发源地之一。远古时代，“蓝田猿人”就在这里繁衍生息，六千多年前，半坡先民在这里种植狩猎，开掘出了别具特色的“半坡文化”。自公元前12世纪，周文王在此建立丰京，揭开了西安作为帝王京师历经千年，雄踞华夏，成为统一的多民族国家的政治、经济、文化中心的辉煌历史。西安成为与雅典、罗马、伊斯坦布尔等城市齐名的世界历史古都。直至今天，西安城中的塔与碑，城外的陵与墓，连绵的城垣与宫殿遗址，保存的大量珍贵文物以及周乐秦声、汉风唐韵等文化艺术，仍在昭示着这里曾经呈现过的尊贵和豪华、开放和风流。

“一座城市的历史就是一个民族的历史”。古都西安就像一部活的史书，一幕幕、一页页记录下中华民族的沧桑巨变，见证了“文景之治”“贞观之治”“开元盛世”的鼎盛辉煌，然而，往日这个帝王们希冀长治久安、长久平安的长安城随着朝代更迭，数遭兵燹，令人扼腕地一度衰落了。

衰落的根源值得研究汲取，怎样重新激起奋发向上的精神更应当总结和发扬。英国著名历史学家汤因比曾精辟地分析，任何文明都有其生长和衰亡的过程，而能否勇敢地接受各种挑战决定着这种文明的前途。

我们在研究文明生长的时候，发现它的过程是一连串的挑战和应战。应战不仅解决了挑战所提出来的问题，而且还在它每次胜利地解决了一个挑战问题以后，又提出了新的挑战。这样，文明生长的性质的最核心的成分便是一种新的活力、不断的创新。历史在前进，文明在曲折中发展。

西安，曾经创造过昔日的辉煌，西安也曾经历过衰落，西安又迈向创造新的文明的征途。江泽民同志在分析古希腊文明、拜占庭文明盛极而衰时说过，不能紧跟世界发展的潮流，就必将落后。他在西安论述中国实施西部大开发战略时还说过，中国曾有过盛唐时期的辉煌，但安史之乱后衰落了。现在我们的任务是要实现中华民族的伟大复兴。因此，他多次强调我们的各级领导干部和年轻一代要多学习和了解一点历史，从历史中汲取文化的养分。尤其是在改革开放和现代化建设取得巨大成就的今天，面对世界多极化、经济全球化和科学技术迅猛发展，要使中华民族在全球范围内的竞争中不断发展、走向繁荣，就要审视自己的历史和文化传统，继承和发扬民族优秀传统文化，增强民族凝聚力，学习借鉴世界文化优秀成果，始终代表先进文化的前进方向，才能与时俱进，战胜前进道路上的各种艰难险阻，立于不败之地。

先进文化是现代人集古今中外之大成、并且面向未来的创造，是传统与现代、继承与创新的产物。我们有责任大力弘扬先进文化，因为这是永葆历史文化名城活力的根本所在。研究历史，分析现状，面向未来，西安要走向世界，让世界更加了解西安，在社会主义的先进文化中保持优良的文化传统，增强民族的认同感，提高自信心，为经济发展和社会进步提供精神动力与智力支持，成功地应对前进中的每一次挑战。我想这是每一个西安人和关注西安发展的人们不断思索的命题。工作和生活在古都西安的人们要有一种气概，重开现代丝绸之路，重振汉唐雄风，把西安建设成既葆有古都风貌，又具现代文明和时代精神的大都市。

编著《古都西安》这套大型丛书，正是想让人们对西安有更深刻的了解，能够触摸到西安的历史脉络和文化特征，感受到它的灵魂，让西安走向世界，再架起一座中西文化交流的桥梁。丛书按照从古至今、全面系统的原则分篇编排。每篇或按时序，或分类论述，但总的体例大致划一，以求系统、准确、全面而又有重点地介绍西安。丛书在保证学术水准的前提下，尽可能为更广泛的读者所接受，使史学走向大众，更具有严谨的科学性、渊博的知识性和艺术感召力。

有关古都西安的著述很多，但系统地编著一部大型丛书，立体全景地展现西安历史，却是首次。我有幸在西安工作十多年，西安的文化积淀实在是丰厚，这座城市最大的魅力在于它的历史文化。在两个文明建设的实践中，我们深切地感受到，弘扬优秀传统文化，建设社会主义精神文明，有必要也有责任组织和推动一批专家、学者，编撰一部详尽介绍古都西安的大型丛书。为此，我曾多次与史念海先生等专家交流，共同策划。从制定规划、内容、体例讨论论证、专题编著分工、编审等，工作展开已近五年时间，现在要陆续出版了。本丛书的宗旨是崇尚征实，弃绝浮言，全面系统，提倡寓新颖观点于详密材料的治学风格。参与编著丛书的每位作者都在理论阐释和材料整理方面，做出了很大的努力，都有全新的开拓。这是全体作者的心血，更是史念海老先生留给世界、留给当代与后人的一份呕心沥血的遗嘱。这套由他主要审定的丛书陆续与读者见面了，而史先生却已无法全部看到。鲁迅先生曾说过，拿着故人的遗稿，就像手里攥着一把火。这套丛书的问世正是史先生传承给我们的希望之火，也是对他最好的纪念。

望着雄伟壮观的古城墙和高楼林立、华厦争辉、桥涵飞虹、通衢溢彩、万车竞速的西安，感受到汉唐雄风开阔的底蕴，体味着这方水土赋予西安人开拓创新的激情，我们有理由相信，有着强大自我更新能力、包容进取精神的西安人，在中国共产党的领导下，坚定地走有中国特色的社会主义道路，乘着西部大开发的东风，一定能够在这片土地上再创造出新的历史奇迹！

2007 年 5 月 4 日于西安

目　录

第一章

绪论

第一节　宰相制度的起源沿革

在两千多年的封建社会里，“宰相”一直都是一人之下、万人之上的最高官员。但是，除了辽朝外，“宰相”一直又只是一个习惯名称，用来泛指辅助君主处理朝政而“治国、平天下”的宰臣，而从来不是一个正式的官名。

据清人顾炎武《日知录》卷二四《相》条考证，宰与相之名分别见于殷、周时期，相只是辅助的意思。到了春秋时期，以世卿、世大夫执政，这时所称的相，逐渐成为一个官名。再到战国时期，除楚国仍沿用令尹这个官称外，各国都设有相这一官职。而且，宰与相连称成为一个复合名词，也从这时开始出现。《庄子·盗跖》说：“子张曰‘……仲尼、墨翟，穷为匹夫，今谓宰相曰，子行如仲尼、墨翟，则变容易色称不足者，士诚贵也’。”《韩非子·显学》说：“故明主之吏，宰相必起于州部，猛将必发于卒伍。”《吕氏春秋·制乐》说：“荧惑者，天罚也。……祸当于君，虽然，可移于宰相。”但这些都只是作为相的一种通称，并非正式官名。可后来却以它指称宰辅卿相之官，就一直沿用于封建社会。

战国时期，在相与宰之外，还有丞相与相国的称呼。丞相一职，最早由秦国设置，后来被各国普遍采用。而相国一名，只是作为丞相的尊称，并非正式官名。

秦汉时设置左右丞相，是朝廷的最高行政长官，“掌丞天下助理万机”[1]。汉成帝时，改御史大夫为大司空，与大司马、丞相合称“三公”，都是宰相。汉哀帝时，虽将丞相改称为大司徒，但仍属于宰相。东汉时，以太尉、司徒、司空为宰相。

魏晋南北朝时期，所谓三公——太尉、司徒、司空在名义上虽不失宰相之号，地位仍然很高，但实际上已成为荣誉性的空衔，真正掌握国家机密、协助皇帝处理日常政务的是尚书台（省）长官——尚书令及尚书仆射。若是以担任其他官职来做宰相，则必须挂“录尚书事”的头衔。

隋文帝结束了二百多年的南北分裂局面，天下一统，对官制进行了一系列改革。其中的一项重要措施就是废除三公府僚，使三省长官——尚书省的尚书令、内史省（内书省）的内史令（内书令）、门下省的纳言成为名副其实的宰相。由于三省长官位高权重，当时称为“真宰相”，因此将尚书令、内史令（内书令）常常空缺而不授人，而是以其副职或以他官加上“参掌机事”“参掌朝政”的名号，代行宰相的职权。

唐朝沿袭隋制，在朝廷的权力机构中，真正握有实权的是尚书省、中书省、门下省，而三省长官就是宰相。尚书省是执行朝廷政令的总机构，无事不管，政务繁多，因此又在其下设置六部——吏部、户部、礼部、兵部、刑部、工部，分部门办事。尚书省的正长官称为尚书令，副长官称为左仆射、右仆射，六部的正长官称为尚书，副长官称为侍郎。中书省是秉承皇帝旨意、掌管朝廷机要大事、发布政令的机构。中书省的正

① 《汉书》卷一九上《百官公卿表》，第724页，中华书局点校本，1962年版。

长官称为中书令，副长官称为中书侍郎。门下省是掌管机要、审查诏令、签署奏章的机构。门下省的正长官称为侍中，副长官称为门下侍郎。凡朝廷有军国大事，就由中书省先行决策，再由门下省加以审议，最后由尚书省来执行。简而言之，尚书省是执行机构，中书省是决策机构，门下省是审议机构。

由于唐太宗在即位之前曾任尚书令一职，所以在即位之后，臣下再无人敢担任此职。于是，左、右仆射就成为事实上的尚书省长官，与中书令、侍中一样，也是宰相了。

唐高祖武德年间，还没有三省长官以外的其他官号来行使宰相之职，而到了唐太宗贞观以后，就开始出现以担任其他官职的官号来参与宰相事务的现象。大抵分为两种情况：一是给资历较浅、地位较低的官员挂上“参议朝政”“参知机务”“参知政事”“专典机密”等头衔而充当宰相，二是给资格较深、年龄已大的元勋功臣加上“平章政事”“同中书门下平章事”“同三品”“同中书门下三品”等头衔，可以继续参与宰相事务。所谓“平章政事”“同中书门下平章事”，就是共同商议军国大事的意思。所谓“同三品”“同中书门下三品”，就是与品级为三品的两省长官——中书令、侍中共同来主持朝廷政事。唐高宗以后，挂参议朝政、参知政事等头衔的逐渐减少了，而挂同中书门下平章事或同中书门下三品头衔的逐渐固定下来了。玄宗时期，尤其是安史之乱以后，凡任宰相者，无论资格深浅、品级高低，都必须有同中书门下平章事或同中书门下三品的名号，也简称同平章事或同三品。这样一来，原来当然是宰相的三省长官——尚书令、左右仆射、中书令、门下侍中，如果不带同中书门下平章事或同中书门下三品的名号，也就不成为宰相了。到了唐代宗大历二年（767 年），由于中书令、门下侍中从三品升为二品，同中书门下三品的名号也由此被取消，仅剩同中书门下平章事。此后，中书令、门下侍中与原本是二品的左、右仆射反而成了一种荣誉性的虚衔，常常授予地方藩镇的节度使等，以示恩宠。

第二节　宰相职权的分化转移

宰相是怎样一种官，具体职权是什么？《汉书》卷一九上《百官公卿表》上说是“掌丞天子助理万机”，似嫌太笼统。宰相少则一二人，多不过四五位，怎可能什么事都管？而曾发生在西汉的两个故事，倒是可以参透个中消息。

《史记》卷五六《陈丞相世家》记载：在一次朝会上，汉文帝向右丞相（第一丞相）周勃询问：“一年当中，全国判决的案子有多少件？”周勃回答：“不知道。”汉文帝又问：“一年当中，全国的钱粮开销是多少？”周勃又说是不知道，急得汗流浃背，惭愧自己回答不出。于是，汉文帝转向左丞相（第二丞相）陈平询问。陈平却说：“有主管的官员。”汉文帝就问：“主管的官员是哪一位？”陈平回答：“陛下若想知道判决案子的情况，可以询问廷尉；若想知道钱粮开销的情况，可以询问治粟内史。”汉文帝说：“如果各方面事务都有主管的官员，那么，您所主管的是些什么事呢？”陈平回答：“陛下不嫌弃我的才智低劣，使我勉强担任宰相职位。宰相之职，对上辅佐天子，调理阴阳，顺应春、夏、秋、冬的气候，对下养育万物适时生长，对外镇守安抚周边民族和诸侯国，对内爱护团结平民百姓，使大小官吏能够胜任其职务。”汉文帝很满意，大加称赞。右丞相周勃大感惭愧，在退朝之后，就埋怨陈平说：“您平时怎么不教我对答这种问题？”陈平笑着说：“您身居相位，不知道宰相的职责吗？陛下如果问起长安城中盗贼的数目，您难道要凑个数字来对答吗？”于是，周勃辞去右丞相，由陈平一人担当宰相之职。又《汉书》卷七四《丙吉传》记载：丙吉为丞相，有一次外出，在路上遇见一群人斗殴，死伤一片。丙吉却视而不见，直接就过去了，随从人员感到很奇怪。继续前行，遇见有人赶着牛走，牛吐吞喘息。丙吉就停下来，派人去问：“赶牛走了几里?”随从人员认为丙吉作为丞相，该过问的不问，不该过问的却问，还有人拿这件事讥笑他。丙吉说：“长安市民发生斗殴而有死伤，属于长安县令和负责京城事务的最高行政长官——京兆尹所应处理的事，他们会派人追捕凶手。到了年底，丞相派人检查他们的政绩，评定优劣，然后报告皇上，给予奖赏惩罚。宰相是不亲自处理小事件的，所以不该在路上过问斗殴之事。现在正值阳春三月，还不太热，我见那人赶牛，估计没走多少路，却因热而喘气。如果是这样，那就是气候反常了，担心会损害农业。宰相负责调和阴阳，职责所在，应当忧虑，所以派人去询问。”随从人员听了很服气，由此认为丙吉作为宰相，在处理政务上是识大体的。从这两个故事可以看出两点：宰相一则不管具体事务，二则应该调和阴阳。前者不仅不管地方官的事务，就连朝廷中九卿的事务也不干预，因为宰相要管更重要的事务。后者虽披着一层神秘的外衣，实际上是在强调宰相要辅佐君主管好天下大事。宰相协助君主出台的政治决策、行政措施是否能顺应天时，是否正确，会引起自然界的不同变化，这种变化反过来又影响社会。如果正确，自然界便会风调雨顺，社会也会一切顺利。如果不正确，自然界便会出现不正常现象，是天灾；社会也将动荡不安，是人祸。一旦出现天灾人祸，就表明宰相没管好天下大事。这两点是紧密配合的，成为支配后来两千年宰相制度的指导思想。

不过，这两个故事只是阐述了宰相应该完成的任务，应该起到的作用，没有具体涉及宰相的职权。那么，宰相的职权究竟是什么？具体而简单地说，就是两项权力：一是议政决策权，另一是监督百官执行权。前者一方面由宰相根据实际情况，主动提出新的政策、措施及用人方案，报请君主批准；另一方面由君主根据具体需要，主动提出新的政策、措施及用人方案，在征求了宰相的意见后做出裁断。这二者是相辅相成的，紧密结合，缺一不可。否则，不是宰相越权，就是君主侵权，都属于不正常现象。后者在君主和宰相共同议定了新的政策、措施或人事任命之后，首先由宰相将诏令发布到全国或有关的地区、有关的部门，要求遵照执行，随后又由宰相监督检查有关部门、有关官吏的执行情况，并报告君主，以便决定黜陟、赏罚。

总而言之，宰相是百官之长、群臣领袖。通俗地说，就是一个管官的官。它的职权特征是抓大放小，协助君主制定出大政方针，处理天下军国大事，对各级官吏只监督其执行政务的效果，不过问其执行政务的过程。

秦汉时期的君主有很大的权力，但宰相也有很大的权力，名副其实的一人之下，万人之上，“秦变周法，天下之事皆决丞相府……汉初因之”[①]。如秦始皇最后一次东巡时死在沙丘，遗诏让太子扶苏到咸阳继承帝位，赵高为了掌握更大的权力，打算扶立秦始皇的小儿子胡亥为帝，于是篡改诏书内容，利诱胡亥篡位。在胡亥接受了这一阴谋之后，赵高却说：“不与丞相谋，恐事不能成。”[②] 当时的丞相是李斯，于是利用他贪恋相位的权欲之心，说如果立太子扶苏为帝，“必用蒙恬为丞

① 《唐六典》卷一《尚书都省》，第 6 页，中华书局点校本，1992 年版。

② 《史记》卷八七《李斯列传》，第 2549 页，中华书局点校本，1959 年版。

相”[1]。李斯怕失去相位，这才与赵高合谋，害死扶苏，立胡亥为帝，从而保住自己的丞相之职。可见当时丞相的权力之大。赵高不通过丞相李斯，就难以实现其阴谋，而能使李斯与赵高最终合谋的诱因，也是因为丞相的权力很大。又如萧何是刘邦出生入死的战友，呕心沥血，帮助刘邦打下江山，成为第一开国功臣。但因他担任丞相多年，而相权又很大，并在百姓中有相当影响，尽管事事谨慎，处处小心，还是让刘邦产生了疑虑。于是，因有人告发萧何谋利，刘邦不问其究竟，就把他打入监狱。这并非刘邦确实认为萧何会有二心，而是当时的相权大得让刘邦时时刻刻都处在警觉之中。还有一个最典型的事例就是：当汉惠帝去世后，作为其生身母亲的吕后只是干哭，不掉眼泪。张良的儿子张辟强任侍中之职，才十五岁，对丞相陈平说：“太后只有这么一个儿子，现在去世了，可太后干哭而无泪，您知道其中的原因吗?”陈平问：“是什么原因?”张辟强说：“皇上没有成年的儿子，太后顾忌你们权大势重。您如果奏请太后让吕台、吕产、吕禄为将军，统领两宫卫队南北二军，并请吕家的人都进入宫中，在朝廷掌握重权，这样会使太后安心。”陈平就按照张辟强出的主意去做，果然使太后放下心，才哭得很哀痛。可见当时的丞相之权大到即使皇太后也不放在眼里，完全可以根据自己的心意来扶立皇位继承人，既可以是汉惠帝的儿子，也可以是刘邦的其他儿子，所以使吕后极度悬心，竟然连眼泪都哭不出来。所以，相权一大，皇帝的自我感觉是皇权受到了威胁。汉武帝为此就常常破格提拔一些出身低贱的人才，选做中大夫、诸郎等，平时围绕在他身边出谋划策，形成所谓“内朝官”，以加强皇权专制。汉武帝既利

① 《史记》卷八七《李斯列传》，第2550页，中华书局点校本，1959年版。

用了这些人与以丞相为首的朝廷行政官员即所谓“外朝官”相抗衡，又通过少府所属的尚书署草拟诏令，转达奏章，以便于亲自处理政事，而削弱丞相之权。从此以后，尚书逐渐拥有实权，也逐渐取代丞相的地位和职权，同时还把丞相的职权分属于太尉府、司徒府、司空府三个权力完全平衡的机构。至东汉光武帝时，就干脆专任尚书，以后又把三公——太尉、司徒、司空的权力收归尚书台。至三国魏文帝时，为了进一步加强皇权专制，又把尚书台移至外朝，分为五个部门处理政事，使它成为外围的执行机构，由尚书令主持其日常政务。同时，又成立中书省，设立中书监、中书令两个官职，并掌机密，以分散作为宰相的尚书令的权力。到了晋代，由于中书省的中书监、中书令掌管草拟诏令，策划国政，地位至尊，权势日重，对皇权专制的威胁渐大，于是又成立了门下省，使它的长官侍中参与朝政，以此来限制中书省的权力，互相钳制。隋唐时期，采用三省分立制度代行宰相职权，使其相互制约，借以加强皇权对相权的控制。

从政治原则上说，如果皇权过于扩张，就会压倒相权，使宰相不能放手办事，全权负责，以致成为“伴食宰相”；相反的，如果相权压倒皇权，又会造成尾大不掉，专断朝政，甚至产生废立篡权之事。二者只有配合适中，相辅相成，才能利国利民。但事实上却是自从宰相制度建立之日起，皇权与相权这一对政治势力总是处在矛盾斗争的旋涡中，每当改朝换代，相权都有一些分化转移，总的趋势是皇权不断上升，相权不断下降。所以，从某种意义上讲，两千多年的宰相制度史，也就是宰相的职权从大到小不断地被分化和转移的历史。

第二章

建功立业

第一节　统一天下建伟业

一、萧何建设后方得头功

汉高祖元年（前206年）十月，汉高祖刘邦统帅起义军进入关中，秦王子婴投降。当大军进入秦朝都城咸阳后，将士们都跑到秦朝国库去掠取金帛财物。这时，只有萧何带领手下来到秦丞相府，接收秦朝丞相、御史所掌管的图书、户口册以及档案文书等。这一举动，表现了萧何的远见卓识，已经为未来汉朝的统一和管理天下在做准备了。

至十二月，项羽率领四十万人马打败刘邦派驻函谷关的军队，气势汹汹地进入关中，驻军鸿门，准备灭掉刘邦。消息被项羽的叔父项伯泄露给刘邦的谋士张良，由于张良的妙计而使刘邦在鸿门宴上脱险。

项羽虽在鸿门宴上放过了刘邦，但不愿让他按照原来的约定做关中王，而是自封为楚霸王，主宰天下，又分封了十八个诸侯王。他与谋士范增商议，借口巴蜀属于关中地区，就把刘邦分封到崇山峻岭阻隔的汉中做汉王。关中则被分封给章邯、董翳、司马欣三个秦朝降将，利用他们挡住刘邦东进的道路。

项羽以势压人的蛮横做法，把刘邦气坏了，打算立即和项羽拼个你死我活。周勃、灌婴、樊哙等极力相劝，刘邦仍然怒气不消。

这时，萧何上前劝刘邦说："到汉中去做王，无论多么不好，总还强于找死吧！"刘邦听后吓了一跳，忙问："为什么说是找死呢？"萧何脸色严肃，高声答道："如今我们的军队无论是数量还是战斗力，都不如项羽。如果和项羽硬打，肯定一败涂地，不是找死吗？《周书》上说：'天所给予的而不取，反而会受到责罚。'商汤王和周武王能忍受一时之气，屈居一人之下，最终扬眉吐气，高居万乘之上。我希望大王暂且称王汉中，抚育百姓，广招贤人，收揽民心，先以巴蜀为基地，然后再回来平定三秦地区，就可以进而统一天下了。"在萧何一针见血地劝导下，刘邦终于平静下来，愉快地率领人马前往汉中。从此，萧何被任命为丞相，担负起建立大汉王朝的重任。

汉高祖五年（前 202 年），楚霸王项羽在乌江自刎，楚汉战争结束，统一全国的汉政权建立了。刘邦为了酬谢追随自己南征北战的文臣武将，决定论功封赏。可是，群臣争功，一年多时间还定不下来。后来，刘邦认为萧何功劳最大，决定先封他为酂侯，食邑八千户。刘邦对萧何的封赏引起了功臣们的不满，一致抗议说："我们的功劳都是拿命换来的，我等披甲执刀，冲锋陷阵，打仗多的百余次，少的数十战，攻城略地，斩将夺旗。萧何不曾有汗马之劳，只凭口舌笔墨，议论谋划，不上战场拼杀，地位反在我等之上。这是为什么呢？"刘邦对他们打了一个虽粗俗却形象的比喻，高声问道："各位知道打猎吧？"功臣们答道："知道。"又问："知道猎狗吗？"功臣们答道："知道。"于是解释说："打猎时有猎人和猎狗，追逐捕杀野兽的是狗，而发现野兽踪迹、指示捕杀方向的是猎人。你们各位只能追捕野兽，不过是像狗一般的功劳。至于萧何，却能发现野兽踪迹，指示追捕方向，是如同猎人一样的功劳，狗所立功当然比不上猎人之功。而且，你们各位仅仅是一个人追随我，多的也只有两三个；萧何却是率领宗族数十人跟随我，这个功劳可不能忘啊！”功臣们听了，面面相觑，虽没有人再敢表示对萧何不满，但内心并不服气。

萧何肖像

后来，有一百多位功臣被封为侯爵，而在讨论功臣们的排列次序时，将军们都替曹参说话：“平阳侯曹参全身有七十多处伤，攻城略地的功劳最大，名次应该排在第一。”刘邦因在封赏萧何时驳斥过功臣们的意见，这次排列名次不便再责难他们而出面帮助萧何，但心里仍想把萧何排在第一名。有一个掌管传达皇帝诏命的官员叫鄂千秋，窥测到刘邦的心意，挺身出来为萧何说话。他说："群臣的议论都有偏见。曹参虽然有野战略地之功，这只不过是一时之事。皇上与楚霸王交战四年，常常丧失兵士，有好几次单身逃遁，全仗着萧何从关中补充兵源，数万之军，招之即来。汉与楚在荥阳对峙多年，军中没有现粮，也是萧何及时从关中运输供给。皇上虽然多次败于山东，因为有萧何保全关中，而使汉军立于不败之地，这是万世不朽之功，怎么能把一时之功排在万世之功上面呢？萧何的名次应当排在第一，曹参排在第二。"将军们被说服了，都公推萧何的功劳排在第一。刘邦立即表示赞同，并赠予萧何可以带剑穿鞋上殿、入朝时不必小步快跑的殊荣。

而就鄂千秋的评论来说，也是公允的。楚汉战争一开始，刘邦就命萧何留守汉中，在巴蜀地区负责收缴赋税，供给军粮，安抚百姓，颁布法令。刘邦打下三秦地区后，又让萧何留守关中，仍旧负责兵力、物资的补充供给。萧何兢兢业业，尽职尽责，把关中地区建成刘邦在楚汉战争期间稳固的后方基地。刘邦自汉中出三秦攻楚时，萧何发运蜀、汉之地的粮米万船作为军粮，招收精锐士兵以补换伤病人员。楚汉战争前期，形势对刘邦很不利。汉高祖二年（前 205 年）四月的彭城之战，刘邦的军队前后死伤二十多万人，项羽把刘邦重重包围。最后，刘邦仅率数十名骑兵突围逃走，连家属也被项羽俘虏了。仅过了一个月，萧何就把关中所有能发动的兵力全部送到荥阳，使汉军复振，取得了荥阳、成皋之战的胜利。刘邦能最终战胜项羽，全靠萧何在关中后方的大力支援。

二、高颎巧用谋略立大功

隋文帝杨坚篡夺北周政权，建立隋朝，统一北方。但是，在长江以南还有一个陈国，天下远未一统。为此，隋文帝向宰相高颎询问消灭陈朝而一统天下的策略。

高颎经过一阵深思熟虑，向隋文帝献计说："长江以北地区，天气寒冷，地里的庄稼收获得比较晚。而江南的水田庄稼却收获得早。我们可以在江南的收获季节调动少量兵马，放出风声说要袭击江南。这样，陈国必然集中人马，屯兵守卫，使他们势必耽误农时。待到陈国集结兵力，严阵以待，我方军队就解甲卸鞍，表示无进袭之意。如此三番五次，陈军必然习以为常，不加戒备。这时，即使我方调集大量军队，真的要进攻了，他们也不会相信。就在他们不留意之际，我军迅速过江，登陆而战，士气必然倍增，可以一举成功。另外，江南土质不厚，又多用茅竹搭盖屋舍，所有物资都不是藏在地窖里，我们秘密派遣士兵，趁风势纵火，烧毁其储备。等他们修复了，我们再烧毁。这样不出几年，他们必然力竭财尽。"

隋文帝欣然接受了高颎的计策，并积极实施，从而使其国力日渐衰敝，为灭陈打下了基础。

后来在伐陈之役中，高颎以宰相的身份参与前线指挥。隋军各路兵马的军事部署和行动，都要禀报高颎，由他来决断和协调。军需物资的调度供应也由高颎支配，没有发生一点拖延欠缺的情况。等到隋军攻下陈国都城建康，俘虏了陈后主，高颎先进入建康城，接收图书文献、档案户籍，查封库房，而钱财宝物，一无所取。在这次结束东晋以来南北纷争局面而实现全国统一的战役中，高颎是立了大功的。

三、杨素率兵灭陈建奇功

隋文帝进行了一系列政治、经济和军事改革，使国力日渐强盛。又厉兵秣马，从水路和陆路两方面做灭陈的军事准备。当各种条件成熟后，隋文帝于开皇八年（588 年）十月决定派出大军灭陈，并任命晋王杨广、秦王杨俊、宰相杨素为行军元帅。

隋伐陈大军共五十一万八千人，在行军元帅统一指挥下，各路兵马分头出击。杨素率领一支隋军从永安出发，穿过两岸悬崖峭壁、水流湍急的三峡到达流头滩时，探知陈军将领戚昕以战船百余艘守卫在狼尾滩。狼尾滩的水流湍急，地势险要。杨素镇静自若，对将士说："胜负大计，在此一举。如果我军在白天下船，敌人必然窥视到我军的虚实。再加上狼尾滩地形复杂，我军很难掌握。这样，就无进袭之机。我看不如到天黑时，以夜色为掩护，奇袭敌军。"

等到天黑，杨素率领战船几千艘，在夜幕中悄悄行进。杨素命令大将王长袭从南岸准备偷袭敌营，又派将军刘仁恩率领骑兵从北岸赶至白沙。这两支突击队伍在天未明时，神不知鬼不觉地到达指定地点。天刚一亮，杨素便一声号令，两支军队分别从南北两个方向冲击敌营。

陈将戚昕面对突如其来的攻击，毫无防备，将士惊惶失措，被动应战，很快溃不成军，全部瓦解。杨素率军南北夹攻，大获成功，俘虏了很多陈国兵士。杨素把这些俘虏遣送回家，颇得江南人心。

杨素在战胜陈将戚昕以后，又率军东下。当时隋军的战船布满江面，旌旗林立，炫耀眼目，气势雄壮。体魄雄伟的杨素端坐在大船上，英武威严，陈军将士看见都说："清河公杨素真是江神！"很快，陈国就被灭亡了。

隋文帝开皇九年（589 年）正月，陈国都城建康被隋军攻破，陈后主也被俘获，南朝时期最后一个小朝廷灭亡了。

但在灭陈不久，陈国旧部宿将、豪强势力又纷纷起兵反隋，各支叛军多的有数万人，少的也有数千人，他们企图割据自立，重新夺取政权。为消灭这些反叛势力，使刚刚诞生的统一政权得以巩固，隋文帝又命令杨素为行军总管，进行讨伐。

杨素率领水军战船从扬州的长江渡口沿江向东进军，一路上把盘踞在常州、无锡的叛军一扫而光。这时，兵力最强的一支叛军是盘踞在浙江一带的陈国旧将高智慧。他的军队沿钱塘江东岸扎下大营，方圆一百多里，战船布满江面，颇有声势。杨素的部下来护儿向杨素献计说："江南人的军队机动性很强，特别利于水上作战。这些豁出性命的狂徒，是很难与他们硬拼的。我军应当严阵以待，先不与他们交战。请给我几千精兵，偷偷地渡过钱塘江去，绕到后边，出其不意，把他们的营垒摧毁，使他们既无退路，又不能前进作战。这就是韩信破赵之策。"杨素认为这个奇袭侧后的谋略很好，于是命令来护儿率领轻便战船几百艘，偷偷地登上钱塘江东岸，在敌人毫无察觉的情况下，以迅猛之势发起突袭，一举攻破了敌营，并纵起大火，烧毁营地。火借风势，越烧越旺，烟火冲天，弥漫江岸。敌人见自家后营起火，顿时慌乱不止。杨素趁势指挥水军大举进攻，敌军死伤惨重。这一仗，彻底消灭了陈国的残余势力。

四、刘文静出使突厥取首功

唐高祖李渊在太原起兵后，准备向关中进军，但有一件横隔在心头上的事，即由于北方有新崛起的军阀刘武周，又有横扫大漠南北、虎视中原的突厥，所以，顾虑重重。此时，太原起兵的首谋之一刘文静向高祖建议，向北联合突厥，牵制刘武周，以防偷袭太原，可解除后顾之忧。唐高祖接受了这个建议，并派遣刘文静出使突厥，请求援兵。临行前，唐高祖叮咛刘文静说："请突厥出兵，只是为了扩大我们的声势，以利于南进。但如果突厥出兵过多，一旦控制不住，反而会给百姓带来灾难。所以，不要多了，几百人就可以。"刘文静到达突厥，始毕可汗劈头就问："唐公（李渊）起兵，要干什么？"刘文静说："先前隋文帝废除长子，传位于当今皇帝（隋炀帝），才惹出现在天下大乱的灾祸。唐公是皇室的至亲贵戚，不忍隋炀帝坐视国家衰败，所以才发动义军，要废除原本不该立的当今皇帝而已。希望与可汗的兵马一起进入京城，百姓和土地归于唐公，钱财宝物送给突厥。"始毕可汗大喜，立即派遣突厥将军康鞘利率领两千名骑兵，又献一千匹军马，随刘文静前来。唐高祖特别高兴，对刘文静说："如果不是您言辞得体，有理有节，哪能这么顺利地完成使命？"

唐高祖率领义军渡过黄河后，派刘文静率兵防守潼关。隋朝大将屈突通派部将桑显和率精兵前来进攻，刘文静浴血奋战半日，死伤几千人。这时，刘文静判断桑显和部下士兵开始丧失锐气，悄悄派骑兵偷袭他的后营，桑显和大败，隋军全部被俘。但是，屈突通还拥有数万残兵，带着向洛阳撤退。刘文静指挥将士奋力追击，终于俘虏了屈突通，并攻占了新安以西的地方。既策应了唐高祖进入京城，也解除了东面隋军对关中的威胁。

武德元年（618 年）六月，李渊正式当上皇帝后，就任命刘文静为纳言，成为大唐开国宰相。

为了巩固刚刚诞生的大唐政权和安抚关中地区的百姓，唐高祖命令刘文静负责修改法令，对他说："制定法令的本意，要使人们都懂得法制。但前代之法，多使用含糊而不准确的术语，而执法之官，正是利用这一点来徇私舞弊，贪赃枉法。应该另做修改，务必让人们都容易了解。"于是，刘文静带领一批精通法律的人士，在《开皇律令》的基础上进行修改，全部删除隋炀帝大业年间所用繁琐严酷的法令，从而制定出一套宽简适度的法律条文，对争取民心、稳定社会起到了积极作用。

这时，盘踞于关中之西陇东地区的军阀薛举，常常派兵向东进攻，直接威胁着京城的安全。唐高祖便派次子李世民和刘文静等人前去征讨。经过苦战，先败后胜，终于平定了薛举，既得到了薛举部下大量精兵，壮大了唐军势力，又解除了后顾之忧，为唐朝统一天下打下了基础。

第二节　创立制度垂后世

一、创新制度的一代名相高颎

高颎不仅被称做真宰相，还享有隋朝第一名相的美誉。他不仅对隋朝统一大业做出了贡献，而且在辅助隋文帝创建制度方面，更是成绩显著，影响巨大。

高颎创立了多项制度，其中最重大的一项是由改革选官制度而产生的科举制，影响后世千余年。

在三国两晋南北朝九品中正制下的“区别人物，等其高下”[①]，选举权都被在地方上担任中正之职的门阀世族所掌握，而朝廷基本上依据州郡大小中正所选拔的人才和评定的等第来任用官吏，“吏部不能审核天下人才士庶，故委中正铨第等级，凭之授受”[②]。这样则使得人才的任用和升降，表面上看似要通过朝廷和呈报皇帝，实质上却掌握在地方的中正手里。而各

① 《通典》卷一四《选举二·历代制中》，第326页，中华书局点校本，1988年版。

② 《通典》卷一四《选举二·历代制中》，第328页，中华书局点校本，1988年版。

州郡的中正，一方面必为本地的门阀世族，另方面又因“爱憎决于心，情伪由于己”[①]，故其所选的人，不外是世族，从而形成了削夺国家权力、操纵地方政权的局面。“立中正，定九品，高下任意，荣辱在手，操人主之威福，夺天朝之权势”[②]这对封建国家的集权统治是很不利的，于是，在隋朝建立后，就废除了九品中正制。此后，对大小官吏的选拔和任免，都由吏部具体掌握，统一管理，“大小之官，悉由吏部，纤介之迹，皆属考功”[③]。由此改革了以往的选官制度，抑制了地方上的封建势力，加强了以皇帝为代表的皇权制。这样一来，朝廷就需要掌握大量的预备官员，以供其选择任用。但是，大量的预备官员又是怎样选拔出来的呢？于是，势必要改革选拔人才的办法，以便与改革了的选官制度相配套，把封建国家所需要的各种人才源源不断地输送进预备官员的队伍中。

隋朝建立之初，朝廷就下令撤销各州郡的中正官，“罢州郡之辟，废乡里之举”，正式废除了为世族豪门所操纵的九品中正制，将选拔人才的权力收归朝廷，这就从制度上彻底铲除了世族豪门借以把持选举权的根据所在。在隋文帝开皇年间，无论是京城的最高学府，还是州县的地方学校，都曾向朝廷举送参加明经科考的学生。大唐创业宰相房玄龄在开皇年间被地方长官推荐应试进士科。又隋文帝于开皇年间下诏按规定的科目选拔专门人才，这就是制科。可见，在高颎担任宰相的开皇年间，已做了科举考试的尝试。而这种尝试，自然是经过皇帝批准，由宰相具体负责实施。隋朝通过科举考试选拔官吏，正是要把读书、应考和任官三者结合起来。而这三位一体的选举

① 《晋书》卷四五《刘毅传》，第 1273 页，中华书局点校本，1974 年版。
② 《晋书》卷四五《刘毅传》，第 1273 页，中华书局点校本，1974 年版。
③ 《隋书》卷七五《刘炫传》，第 1721 页，中华书局点校本，1973 年版。

办法，一方面使封建国家从地方豪强和士族手中夺回选拔人才的权力，从而增强朝廷的控制力量，以巩固皇权；另一方面使庶族地主也有机会登上政治舞台，表达政治意愿，从而扩大封建地主阶级的统治基础。科举制的创立，尽管由于隋朝寿命短促，在选拔真实人才、提高管理效率、缓和政治矛盾、促进社会发展等方面，未能充分显示出它的优越性，但在后世却发挥着巨大的作用，起到了积极的影响。所以，高颎在选举制度方面所做的改革和创新，虽属初创之劳，但如同种子破土而出，有着旺盛的生命力。

开皇元年（581 年），高颎即奉隋文帝之命，参考旧刑律，制定新律令，并由朝廷颁布天下施行。新律废除了枭首、轘身及鞭刑，尤其是彻底废除了带有侮辱人格性质的宫刑，减轻了苦役刑罚，还取消了在审讯犯人时使用的一些酷刑，如大棒、束杖、车辐、鞵底、压踝等。这一系列的改重为轻、除弊去酷的思想和行动，直接为唐初的法律革新所借鉴，影响是较大的。

隋朝建立之时，仍承袭北周以长安城为京都。长安城始建于汉代，已有近八百年的历史，城市已显得过于狭小，宫宇亦多朽蠹，加上供水、排水严重不畅，污水往往聚而不泄，生活用水受到严重污染，已经不能适应社会发展和人们生活的需要。因此，开皇二年（582 年），隋文帝决定在龙首原创建新都城，任命高颎为总领新都建设的大监，“制度多出于（高）颎”[①]。隋文帝又“以（宇文）恺有巧思，诏领营新都副监”[②]。可见，在营建新都的过程中，高颎以宰相身份总管其事，如规划方案、征派工匠、调运建材等，而宇文恺在建设第一线负责

① 《隋书》卷四一《高颎传》，第 1180 页。
② 《隋书》卷六八《宇文恺传》，第 1587 页。

设计宫殿官署、坊市街道以及具体施工等，为后来唐长安的繁荣奠定了基础。所以，长安城能够成为世界名城，与高颎的开创之功有着很大关系。

二、规范礼刑的一代贤相房玄龄

房玄龄于唐太宗贞观年间担任宰相十多年，制定了一系列典章制度，从而将唐代社会的发展纳入了正轨。

房玄龄肖像

贞观初期，天下刚刚安定下来，朝廷的典制政令还很不完备，房玄龄在日理万机的同时，着手制定各项法规政令和社会礼仪。

房玄龄在审定法令时，尽量采取宽简平易的态度。在奉唐太宗之命修改编订法律条文的过程中，他将前代制定的五十种处以绞刑的刑法，全改为免去死刑而处以砍断右脚趾的较轻刑法。随后，蜀王府法曹参军裴弘献对四十多条法律条文做了驳议，唐太宗命房玄龄对此重新做出审定。房玄龄认为，古代有五种刑法，其中有一种砍掉腿脚的刖刑。待到肉刑废除后，现在是以鞭笞、杖打、苦役、流放、处死为五刑，如果又增加刖足之刑，就成了六刑，比起古代的刑法还繁多。于是建议，废除砍断脚趾的刑法，改为流放三千里外服役两年。旧时的律令规定，兄弟分居以后，其中一人有功劳得到恩典，而另一人并不能连带享受，可一旦遇上其中一人犯罪判为死刑，另一人也要受牵连而处死，这样很不合理。房玄龄与其他人经过讨论后，改为凡是犯了叛逆罪的，属于祖孙关系与兄弟关系的处以同样刑法，抄家后都流放于远方；犯了恶言罪，是兄弟关系的，只流放远方而已。在房玄龄的主持下，经过十年地不断努力，修成《贞观律》十二篇：一是名例，二是卫禁，三是职制，四是户婚，五是厩库，六是擅兴，七是盗贼，八是斗讼，九是诈伪，十是杂律，十一是捕亡，十二是断狱，共有五百条。比起隋朝旧律，减少死刑罪九十二条，将较重的流放罪划入较轻的苦役罪的有七十一条。同时编成《贞观令》和《贞观式》。还将武德、贞观以来发布的三千多条格敕删定为七百条，编成《贞观格》十八卷。从此，唐朝法律的全部形式——律、令、格、式就基本定型了，而内容上，以后也没有什么大的变动，形成了具有自己特色的一代法令。这次制定的法律条文，比起旧法律来，既有大幅度地删繁就简，又有大量地变重为轻，仅死刑一项，即比过去少了一半。总之，这套法律的特点被古人评为“削烦去蠹，变重为轻”，“除烦去弊，甚为宽简”[①]，对后世影响很大，而房玄龄具有创建之功。

房玄龄对社会礼仪很精通。武德时，在京城长安最高学府国子学中设立周公庙和孔子庙，祭祀时却以周公为先圣，而以孔子为配角。房玄龄认为这样不符合历史实际，于是建议说：“周公和孔子虽都是圣人，但就其在教育上的贡献来说，孔子要大得多。所以，在学校进行祭祀活动时，请以孔子为先圣，以孔子的最有学问的大弟子颜回为先师。”唐太宗听从了房玄龄的意见，不仅在长安国子学中除去周公，升孔子为先圣，而且命令全国州县学校都立孔子庙。这一举措，从尊师重教的角度来促进文化知识教育，无疑是有积极作用的。

房玄龄还奉唐太宗之命，与礼官学士一起修改旧礼，编定为《大唐新礼》一百卷，分为《吉礼》六十篇、《宾礼》四篇、《军礼》二十篇、《嘉礼》四十二篇、《凶礼》六篇、《国恤》五篇。对于北周、隋朝所缺的有关皇太子入学、天子大射、农闲讲武、天子上陵朝庙等礼仪，做了二十九条增补。还对一些不合时宜的礼仪做了改革。这些都得到了唐太宗的赞许，颁行全国。

房玄龄很重视吏治，认为吏治关系到治民的根本，官吏公平正直又是治国的重要环节。有一次，他对唐太宗说：“治国要道，在于公平正直。”所以，古代的经典都很强调在用人上不偏不私，国家即可治理，如今按此去做，“极政教之源，尽至公之要”，足以使天下大治[②]。太宗高兴地说这正是自己所想的，就请他放手施行。贞观时期的吏治清明，就是在贯彻房玄龄这一

① 《旧唐书》卷五〇《刑法志》，第2138页，中华书局点校本，1975年版。

② 《贞观政要》卷五《公平》，第165页，上海古籍出版社点校本，1978年版。

思想原则下实现的，而且还为后世树立了典范，影响深远。与此同时，房玄龄还根据唐太宗关于衡量才能授予职务、减省官吏员额的指导方针，在进行选任官吏时，大刀阔斧地简政，合并裁减官员人数，在朝廷设置的文武官员，总数才有六百四十人。唐太宗批准照此实行。房玄龄精减官吏的做法，既裁去了冗官滥职，避免机构重叠，官浮于事，有利于提高行政效率，又节省了国家的财政支出，有利于减轻百姓的负担。这对于贞观时期的社会生产得以较快发展，是起了积极作用的。

俗话说“聪明一世，糊涂一时。”古语亦云：“智者千虑，必有一失。”唐太宗可谓是这样一个人。他英明盖世，在贤相房玄龄等的辅佐下，制定了各项既符合当时社会实际而又能对后世起到良好影响的典章制度，在较短时间内就出现了贞观盛世的局面。但是，在贞观十一年（637 年），太宗也做了件愚蠢的事，分封了一批开国功臣为世袭刺史，其中，房玄龄被封为宋州刺史。也就是说，房家一代接一代地担任宋州刺史，而不管有没有治理百姓的才能，天生就做官。其他封为世袭刺史的也都如此。这项制度一旦确立，对唐朝社会的继续发展肯定是不利的。房玄龄对此很清醒，所以表示坚决反对。他和长孙无忌联名上表，首先陈述了历史变迁，认为时代变了，不应墨守古法，指出上古时实行五等分封，是符合当时社会实际情况的，但时间一长，君主就无力控制分封的世袭诸侯，礼乐征伐都由他们说了算。至两汉时革除这种尾大不掉的弊端：设置郡县，由朝廷随时任免地方官员。接着分析世袭刺史的可能产生的四种弊病：一是世袭刺史者在任时可能轻视政务，曲树私恩，只与亲近的幕僚议事，不能集思广益，有欠公允；二是世袭刺史者在任时可能无才无识，无德无能，亲朋结党，霸占一方，再进而分裂境内土地，滥赏亲属；三是世袭刺史者在位的可能是幼童小孩，年轻无识，专断独行，扰乱百姓，一旦触犯朝廷法纪，反而招致功臣后代的全家亡灭；四是世袭刺史者在任时可能不关心民间疾苦，却又占着官位，使得朝廷不能选任贤良官员去代替，地方事务紊乱，是百姓的莫大不幸。所以，世袭刺史之制于国、于民、于功臣都是有害无益的。唐太宗看了这份剖析事理极深的奏表，终于放弃了功臣世袭刺史制。可见，房玄龄不仅积极地创立好制度，也坚决反对实行坏制度。他这次带头抵制分封世袭，对于维护国家的统一与安定，防止分裂割据势力的出现，无疑是有积极意义的。

三、完善法律的一代良相长孙无忌

唐朝初期做宰相时间最长的是长孙无忌。他虽出身鲜卑族，由于从小熟读汉文典籍，精通经史，所以在唐初修定法律条文、朝廷礼仪的活动中，也是积极的参与者，并做出了相应的贡献。

唐太宗贞观年间，在讨论制定律、令、格、式时，长孙无忌就参与了。到唐高宗永徽初年，又由他领衔主编了一部《永徽律》。由于此前各个时代编定的法律文献未留传下来，唯有《永徽律》是保存至今的最早最完整的一部，所以在全世界都是特别有名的。但长孙无忌个人对这部法律文献的编定所出的力并不大，因为《永徽律》是以《贞观律》为蓝本，而且在修订的过程中，也是力求"遵贞观故事"[1]，所以《永徽律》对于《贞观律》来说，只是个翻版，没有什么变动特殊的地方。而长孙无忌的突出贡献，是表现在随后由他主编成功的《律疏》上。《律疏》的编定，是古代法律史上的一件大事，不仅为唐朝立法的进一步完善做出了很大贡献，而且对后世的立法产生

① 《旧唐书》卷五〇《刑法志》，第2140页，中华书局点校本，1975年版。

了深远影响。

永徽三年（652 年），唐高宗认为专门学习法律的学生在明法科考中，因为律学没有一定的疏解，在评判时缺乏统一的标准。法官在断案时，由于律条规定不细，而朝廷又没有做出详细解释，便凭着一己之见，不是失之太宽，就是失之太严，从而使宽严失当，判案难公。于是，唐高宗指示长孙无忌对法律条文进行疏解，至永徽四年（653 年）十月完成，共三十卷。《律疏》是以《永徽律》为经，广泛引用律、令、格、式以及其他有关材料，对五百条律文做逐字逐句的疏解，既追叙其源流，阐发其要义，补充其未备，又设作答，辨异析疑，示以范例，用来统一人们对律文精神实质的理解和立法原则的认识，以便解决律文在执行过程中可能产生的各持己见而没有标准的问题。所以，自《律疏》颁布之后，就有了一条运用《永徽律》的准绳，断案的官吏都引用疏解文字来分析案情，判定罪状，使律与疏具有了同等的法律效力。后来，人们为了使用上的方便，将《永徽律》和《律疏》合编在一起，这就是现在所看到的《唐律疏议》。

《唐律疏议》对后世的影响很大，不仅限于中国境内，而且还达到国外。在国内，宋元明清各朝在制定法律条文时，都以它做样本，内容上也出入不大。在国外，古代的朝鲜、日本、越南在制定本国法典时，都有所参考甚或直接袭用。这一切都表明，长孙无忌对中国法律史和世界法制史都做出了巨大贡献。

第三章

安邦定国

第一节 稳定朝廷政局

一、陈平审时度势巧周旋

汉高祖刘邦逝世后，儿子刘盈继位，是为汉惠帝。他为人厚道，但智商甚低，根本没有处理国家大事的政治才能。于是，他的亲生母亲吕后趁机以太后的身份掌握大权。不过，此时的她还不能为所欲为，因为跟随刘邦打天下的元老级功臣萧何、曹参相继做丞相，而且是刘邦临终前的安排，所以，朝廷政务多由他们处理。汉惠帝六年（前 189 年），曹参逝世，朝廷任命了两位丞相，第一丞相王陵和第二丞相陈平。

汉惠帝在位的第七个年头（前 188 年），惠帝逝世，他的那个还是婴儿的太子被立为皇帝，自然是不能处理政务的。于是，吕太后名正言顺地临朝听政，处理国事。

吕太后是刘邦的原配妻子，曾随刘邦在楚汉战争中历经风霜，又在汉初的政治生活中历经磨炼，所以，具有一定的才干和威望。她又是一个颇工心计的人，如掌握兵权的异姓王韩信和彭越为刘邦的两大心病，而吕后帮他除掉了。随着参与政治生活的深入，吕后的权力欲望也随之膨胀。在她临朝称制，即实际当皇帝之后，为了保住和巩固这个地位，就要培植自己的政治势力。于是，吕后提出了分封自己娘家人为诸侯王的问题。但是，刘邦生前曾与大臣们宰杀白马订立盟约：“凡不是皇室姓氏的而立为王的人，天下人可以群起而攻之。”① 从而在朝中产生了同意和反对的两派。

反对最厉害的是以憨直出名的第一丞相王陵，他说：“立姓吕的人为王，是违背了当日与高皇帝立下的盟约。”② 虽是出于维护刘氏政权的一片忠心，却未考虑会产生什么实际效果。果然，吕后对此十分不快。而以足智多谋闻名的第二丞相陈平则能审时度势，从全局的角度来考虑这个问题。

陈平也是刘氏政权的维护者，但他知道，已被权欲熏心的吕后是不可能听进反对意见的，如果硬碰硬地对着干，不仅于事无补，阻止不了吕后的一意孤行，还会引起长安城里朝廷政局的动荡，一旦波及全国，则天下又要大乱。于是，他以稳定朝政为目的，先保住自己的政治地位，以图后计。便对吕后说：“高皇帝平定天下，封立皇室姓刘的子弟为王。现在是太后临朝听政，而要封立太后家族姓吕的子弟为王，也没什么不可以的。”③ 吕后听了，大为高兴。

于是，很快地，吕后采用明升暗降的手段，除去了王陵的相权，而升陈平为第一丞相，同时提拔自己的亲信审食其为第二丞相。

由于陈平采取了暂且迎合的态度，避免了一场恶斗，让吕后无由加害拥刘派大臣，政治势力处于一种平衡状态，从而使长安城中的政局相对地稳定。

---

① 《史记》卷九《吕太后本纪》，第 400 页。

② 《史记》卷九《吕太后本纪》，第 400 页。

③ 《史记》卷九《吕太后本纪》，第 400 页。

但是，陈平很清楚，吕后的心愿实现了，一时高兴，便升迁自己为第一丞相，并不等于对自己消除了疑忌之心。所以，为了达到麻痹对方、伺机而动的目的，还需要进一步伪装自己。于是，他不理政务，整天喝酒，和美女玩乐。有人将这种情况报告上去，吕太听了，心中大喜，认为陈平贪图享受，已变成酒色之徒，不会有所作为。陈平知道了吕后的反应后，也是心中暗喜，便在酒与色之中更加放纵起来。

吕后封娘家的人为王，是为了加强和巩固自己的权势地位。然而，这些封为王的吕家子弟，却不仅仅满足于此，政治野心越来越大，想着要篡夺刘氏江山，取而代之为吕氏天下。陈平对此很担忧，知道总有一天会打破平衡格局，引起政局波动，便常常在家独坐静思，考虑着对付的办法。

刘邦当年打江山时，对一位谋士的话言听计从，他就是说过“在马上打天下，岂能在马上治天下”这一名言的陆贾。他也是个随机应变而用心计应付吕后的人，表面洒脱无羁，内心担忧政局。有一次，陆贾前去看望陈平，而陈平正在沉思，神情凝重，连走到身边的陆贾都未发觉。陆贾大声说：“您的忧虑为什么这样地深重呀?”陈平这才回过神来，怔怔地反问一句：“先生猜猜我在忧虑什么?”陆贾略微沉吟一下，说：“您是首相，封为列侯，荣华富贵已极，该无此种欲望了。如果说您有什么大忧愁的话，不过是吕氏诸王和年幼的皇帝。”陈平说：“是的。那么，这事该怎么办呢?”陆贾说：“天下太平的时候，要注意相；天下动荡的时候，要注意将。如果将与相能达成一致，默契配合，有才能的人士就会归附他们。有了这些人的帮助，即使天下有什么意外事情发生，也不会动摇国家政权。就目前情况来看，这事主要掌握在您和太尉周勃的手中。所以，您应和太尉周勃交往，建立良好的关系。”于是，二人秘密拟定了几条对付吕氏诸王的措施。随后，陈平拿出五百金给周勃做寿，置办盛大的歌舞宴会招待他。而周勃也礼尚往来，用同样的方式回报陈平。从此，陈、周二人建立了非常亲密的关系，共同注视着长安城中政局的动态。

吕后在其临朝听政的第八个年头（前 180 年）病逝，政治局势骤然趋紧，长安城里一片杀气。刘家怕吕家篡了自己的皇位，吕家怕刘家容不得自己，两派势力，虎视眈眈。更为严重的是，朝廷之外的政治势力也插手进来。齐王刘襄得知吕后逝世，以匡复王室为号召，写信联络刘氏诸侯王共同起兵，讨伐吕氏，而吕氏也派兵前去镇压。眼看一场新的社会危机要爆发，百姓又得为此而遭殃。

吕后不愧是老谋深算的政治人物，临终时让梁王吕产统领南军，赵王吕禄统领北军，并面授机宜，叫他们无论遇到何种情况，都要牢牢掌握住中央禁军，不可放弃兵权。所以，在吕后逝世后，他们不仅带兵严密地守住宫廷和京城，而且连吕后的葬礼都没参加。

无奈，吕产和吕禄都是平庸之辈，虽然掌握着禁军大权，却对日趋复杂的局面不知所措，想在关中起兵，以武力控制政局，却怕朝中的元老功臣陈平、周勃等以及宗室大臣与关外的刘氏诸侯王里应外合，更怕带领大军去镇压关外反抗势力的灌婴反戈一击，犹豫不决，举棋不定。而此时，陈平与周勃却在加紧谋划着铲除吕氏势力。他们得知开国功臣郦商的儿子郦寄与吕禄的私交甚好，于是派人挟持郦商，逼迫郦寄前去劝诱吕禄说："高皇帝和吕太后共同平定天下，立刘家的九王和封吕家的三王，都是经过朝中大臣共同议定的，这事也正式发文，通告诸侯，诸侯都认为妥当。现在太后已逝世，而皇帝年幼，您佩带赵王之印，却不到封地去镇守，仍然带兵留在长安城，自然会引起大臣及诸侯们的怀疑。您何不就交出帅印，把兵权还给太尉，并劝梁王也这样做，然后与大臣订立盟约，前往封地。这样一来，齐国必罢兵，大臣亦相安，就可高枕无忧地做您的王，享千里之封地，得万世之利益!”吕禄不知是计，便相信了他，就把帅印交出。太尉周勃得到兵权，随即进入北军，集合兵士，宣布命令：“凡是愿意为吕家效命的，就脱掉右衣袖，露出右膀子；凡是愿意为刘家效命的，就脱掉左衣袖，露出左膀子。”霎时之间，只见士兵齐刷刷地露出左臂，表示听从太尉的号令，而拥护刘氏皇帝。于是，周勃掌握了北军，从而控制了未央宫——这个长安城里朝廷的象征、政权的中枢。

但当时还有一支中央禁军，即南军掌握在吕产手中。他不知道北军已经倒戈，准备去未央宫与吕禄商议发动兵变，消灭汉家君臣。阴谋被陈平所知，即刻派朱虚侯刘章去协助周勃，坚守北军营门。刘章是刘氏宗室当中少有的杰出人物，有胆有识。周勃派给他一千多士兵，让守护未央宫。等他到未央宫时，正巧遇上吕产，当机立断，挥兵出击，杀死了他。

至此，一场眼看要发生于京城的干戈，在陈平的巧妙运筹之下得以化解，稳定了朝廷政局。随后，又以和平协议的方式扶立比较贤明的君主——汉文帝刘恒。从此，大汉开始走向盛世。

二、魏相见微知著预判断

汉宣帝地节二年（前68年），大将军霍光病逝。汉宣帝思念他的功德，任命他的儿子霍禹为右将军，任命霍光哥哥霍去病的孙子霍山为奉车都尉，封为乐平侯，主管宫廷机要事务。御史大夫魏相递上秘密奏章，说：“国家最近丧失了武装力量统帅，陛下最好擢升有功的大臣接替，以免在权力陷于真空的状态下，引起朝臣争权而使政局动荡不安。我认为车骑将军张安世是最合适的人选。”皇帝便任命张安世为大司马，掌管全国武装部队兼管宫廷机要事务。

随后，魏相又递上秘密奏章，说：“《春秋》上讥讽大夫世袭制度，痛恨春秋时宋国三位国君都娶大夫的女儿为妻，后来鲁国季孙氏专权，使国家都陷于危乱。大汉自后元年间以来，朝廷有关部门已不能掌管官吏的任免，国家权柄由权臣操纵。如今霍光逝世，他的儿子霍禹继续担任右将军，侄孙主持中枢机要，兄弟女婿都位居有权势的要害部门掌握军权。霍光的夫人霍显和她的女儿，都有特别通行证，可以随时出入太后居住的长信宫，甚至半夜叫开宫门。骄横奢侈，放纵不羁，恐怕渐渐不能控制。皇上应该想办法削弱他们的权势，消除影响朝廷稳定的隐患。”

皇帝认为魏相的建议很好，全部采纳，着手抑制霍家的势力，并且任命魏相为丞相，经常召入宫中，就国家大事交换意见。

当时，霍山领尚书事，主管宫廷机要，而皇帝下令，无论小吏还是普通百姓，都可以递上秘密奏章，直接送达皇帝手中，不必通过尚书，霍山的权力便被架空了。而且大臣们提出报告或建议，也都可以越过霍山，直接向皇帝陈述。由于言路畅通，汉宣帝才隐约得知霍家把皇后许平君毒死的阴谋，但一时找不到证据，无法证实。但这已使汉宣帝提高了警觉，决定先剥夺霍家的军权，由自己的亲信接替。

霍显和她的儿子霍禹、侄孙霍山、霍云，眼看着权力被不断剥夺，经常聚在一起商讨对策。有一天，霍山说：“现在，丞相魏相当权，皇上十分信任，而他把大将军（霍光）制定的法令全部变更，还宣扬大将军的过失。皇上采纳魏相的建议，喜欢召见贫穷的读书人，听取他们的议论。每个人都可以递上秘密奏章，全在攻击我们霍家。曾有人上书指控我们霍家弟兄骄横霸道，言辞激烈，我把它压下了，没有转呈。想不到上书的人越来越狡猾，改成递上秘密奏章，不通过尚书，由中书直接呈送皇上。看样子皇上对我已经不信任了。又听民间传说，霍家毒死皇后许平君，这真是天大的冤枉！”霍显听了，十分恐惧，只好把她当年主使毒死皇后的实情和盘托出。霍禹、霍山、霍云大吃一惊，说：“为什么不早让我们知道？难怪皇上削夺霍家兵权，把霍家女婿都贬逐到外地。这件事如果被查出来，罪名不小，有灭门之祸，这可怎么办？”

汉宣帝的生母王夫人早年惨死，使得宣帝一直思念外祖母，派人查找。地节三年（前67年），终于找到尚在人间的外祖母王媪。汉宣帝把她接进宫中，封为博平君。这一下霍家急了，便制定计划，让太后在宫中为博平君设宴，召丞相魏相、平恩侯许广汉以及大臣作陪，而霍家女婿范明友、邓广汉带领伏兵杀掉他们，然后废掉汉宣帝而拥立霍禹为帝。计议已定，就要举事。颍川人张章和霍云的家仆相识，寄宿在霍家马厩。他半夜起来小解，听到马夫闲聊，谈及霍家企图谋反，第二天就告发了。汉宣帝大怒，发兵分头逮捕霍氏亲党。霍云、霍山、范明友畏罪自杀，霍禹被腰斩，霍显跟她的女儿以及兄弟，全都绑赴街市斩首。

丞相魏相见微知著，在霍光死后，提出抑制霍家势力的建议并得以贯彻执行，提前做好了心理防范，从而能够及时平定霍家准备发动的政变，在长安城避免了一场剧烈的政局动荡。

三、姚崇洞幽查微知先机

唐玄宗是通过发动两次政变上台的，自然是有一批死党的，也自应受到最大的宠信。然而，开元初年，最受唐玄宗倚重信赖的却是名相姚崇、宋璟，而姚崇又并非参与政变的死党。那么，这是怎么回事呢？

“开元盛世”是唐代的鼎盛时期，常为人们所乐道。但它的成功，首先是因为有良好的开端和牢靠的基础做了保障，也就是巩固唐玄宗的帝位，稳定中央政局。而打好此基础者，也正是姚崇、宋璟。

从神龙元年（705年）正月至开元元年（713年）七月的八年多时间里，皇帝更换了四个，政变发生了七次。神龙元年正月，宰相张柬之等发动政变，把皇帝武则天赶下台，拥立中宗为帝。景云元年（710年）六月，临淄王李隆基与姑母太平公主联合把临朝称制的婶母韦太后以及堂妹安乐公主杀死，并废掉小皇帝，拥立其父睿宗为帝。先天元年（712年），睿宗在政治形势的逼迫下，不得以传位于太子李隆基，是为唐玄宗。仅隔一年，开元元年（713年）七月，唐玄宗杀了太平公主，睿宗彻底退位。由此看来，在当时的长安城中，皇室人员中谁有胆量，谁就可能当上皇帝，朝廷大臣中谁肯冒险，谁就可能成为从龙功臣。照此动荡的政局继续发展下去，“开元盛世”就根本不会出现。所以，“开元盛世”的最终实现，即得力于这个问题的较好解决。

唐玄宗刚开始做皇帝时，地位很不稳固，威胁其宝座的人很多。按照封建宗法制的规定，皇位的传承是按“立嫡以长”的原则办的。而唐玄宗在兄弟辈中仅排老三，老大李成器曾被立为皇太孙，皇帝应轮他做。老二李成义在家庭中的地位也较唐玄宗为高。李隆范、李隆业是唐玄宗的两个弟弟，对于政变的成功起了很大作用，而且，既然老三能越过老大、老二当皇帝，那么，他俩也能。唐玄宗还有一堂兄叫李守礼，是高宗的大孙子，章怀太子的儿子，小时候与睿宗的儿子在一起生活了十几年。这些人都有资格和理由当皇帝的，所以对唐玄宗的地位有很大威胁。即使他们在主观上没有野心，但其自身所具有的客观条件，还是成为那些敢于冒险的阴谋家物色的对象，而被利用为发动政变的工具。在这样险恶的政治气氛中，初当皇帝的唐玄宗感受的压力该有多么大啊！所以，唐玄宗迫切希望有人帮他消除这个隐患。而姚崇正好在此紧要时刻提出了切实可行的解决办法，这就是他在开元初年成为政治红人的原因。

早在睿宗朝，姚崇和宋璟为宰相时，就看出不利于政局稳定的因素是在太平公主、李守礼、李成器等人的身上。

太平公主是高宗和武后所生的唯一女儿，聪明伶俐，故而备受宠爱。在武后当政时，她作为其母的机密顾问，积极参与政治。在拥立中宗复辟，消灭韦太后集团的政变中，她都是有力地参与者，也是胜利者。所以，在几十年的宫廷斗争生活中，她既磨炼出政治才干，也增长着权力欲望。至唐睿宗时，她的野心越来越大，抓住唐睿宗为人柔弱的缺点，利用同胞兄妹的亲情，大肆干预朝政，培植私党，梦想着有朝一日，能步武后、韦后临朝称制的后尘。但要圆这个好梦，必须搬掉实现它的绊脚石，即当时正为太子的唐玄宗。因为太平公主注意到太子为人英明睿智，果断敢为，一旦继位，决不愿受自己的控制。所以，必须趁早下手，换一个性格软弱、智谋不济的人为太子，将来也好控制。于是，她从太子自身最薄弱的一环开刀，说："太子并非长子，按理不该立为太子。"并且在太子周围安插耳目，伺察太子的过失，举凡一言一行，均被太平公主及时密告唐睿宗。在封建社会，皇帝既要早点预立太子做继承人，又要处处防备太子提前篡夺帝位。故凡为太子者，言行稍有不慎，或对朝政略表己见，就会遭受轻则废、重则死的命运。这可谓是天下最微妙的一种关系。唐睿宗和当时正为太子的唐玄宗之间也不能例外。由于涉及到政治地位，即使较为厚道的唐睿宗，在太平公主长时间散布谣言的蛊惑下，也对太子起了疑心。有一天，竟对宰相韦安石说："听说朝中大臣都倾心于太子，最好调查一下。"显然是唐睿宗认为太子在拉拢朝臣要架空自己。又有一天，太平公主干脆直接站出来，亲自乘车赶到大明宫内光范门前拦住正要上朝的宰相们，当面提出废立太子的问题。宰相们闻听此言，大为惊讶，一时间竟不知所措。唯有平素以性情刚直闻名的宋璟还算反应快，大声反问道："太子有功于天下，是国家的真正主人，公主忽然提出此议，不知要干什么?"将太平公主顶了回去。

由此，姚崇和宋璟更看到了必须采取有力措施以稳定政局的迫切性，于是向唐睿宗秘密献策说："宋王（李成器）是陛下的长子，邠王（李守礼）是高宗的长孙，太平公主都和他们来往密切，使得太子的地位常处于动摇状态中。因此，下臣请求陛下让宋王和邠王出京去担任刺史，免掉岐王（李隆范）和薛王（李隆业）统领禁军的兵权，任命为太子东宫的附属官。把太平公主和她的驸马武攸暨迁出京城，安置在东都洛阳。"唐睿宗也明白这是个稳定政局的善策，于是下诏任命宋王为同州刺史，邠王为豳州刺史，而岐王为东宫左卫率，薛王为东宫右卫率，均受太子节制。只是出于兄妹之情，不想使太平公主远离京城，就安置在较近的蒲州，以便随时见面。但太平公主十分机敏，利用唐睿宗做事优柔寡断的性格，并不直接找宰相的麻烦，而是说太子为主谋，指使他们这样干的，从而变被动为主动。在猝不及防的情况下，太子反而被弄得不知所措，一时无奈，为了暂且保全，便把责任推给姚崇和宋璟，并请求予以严惩。唐睿宗只得把姚崇贬为申州刺史，宋璟贬为楚州刺史，以求平息事态，缓和矛盾。而整个计划也随之流产，太平公主、宋王、邠王仍留在京城，实际是将政局不稳的因素留在了京城。果然，时隔不久，在京城长安上演了一场流血政变的悲剧。

对于一幕幕腥风血雨的政变悲剧、一次次惊心动魄的政局动荡，上台伊始的唐玄宗，自然还记忆犹新，于是，立即又召姚崇进京为相。姚崇仍按过去的既定方针办，首要处理的问题是巩固唐玄宗帝位、保持政局稳定，而唐玄宗也能雷厉风行地配合姚崇施行其策略：开元二年（714 年）六月，使宋王李成器出京任岐州刺史，申王李成义出京任豳州刺史，邠王李守礼出京任虢州刺史，而且都“委务于上佐”①，也就是不给予州刺史的实权，而让长史、司马等副长官处理州里的政务，以防他们在地方上发动政变。又于七月，使岐王李隆范出京任华州刺史，薛王李隆业出京任同州刺史。从此，他们都迁转于各州当刺史。直至开元八年（720 年）、九年（721 年）之后，唐玄宗彻底控制了政局，才逐渐将他们召回京城，但也只能做个吃喝玩乐的亲王，不得过问政事，不准交结大臣。而这又是继姚崇之后为宰相的宋璟所制定的防范措施，可谓是萧规曹随。

由于措施得当，政局日趋稳固，君臣都可集中精力，专注于落实姚崇所提出的改革弊政的十条措施：改严刑酷法为仁政，不贪求建功，不许宦官参与政事，废除斜封、待阙、员外等冗滥之官，依法处治皇帝宠臣的违法行为，停止收取正式赋税之外的贡物，停止大量建造佛寺道观，以礼接待大臣，允许谏官直言，不让外戚干政。开元四年（716 年）十二月，姚崇离开相位，推荐宋璟为相，故而这些措施继续得以贯彻。由此，大唐转入了鼎盛时期。

四、张说察微观末禁乞寒

唐玄宗开元年间的宰相张说，因与另一宰相苏颋有“燕许大手笔”之称誉而闻名古今。其实，他也是位具有政治头脑的宰相。张说曾亲历那段翻手为云、覆手为雨的政局动荡时期，故而在开元元年（713 年）七月唐玄宗铲除了太平公主政治势力之后担任宰相时，就十分关心如何使京城内不再发生政变，

① 《旧唐书》卷八《玄宗纪》，第 173 页。

消除一切不利于保持政局稳定的因素。

开元元年（713年）冬，有蕃国使臣到京朝见，唐玄宗下令给他们表演乞寒胡戏。张说立即写了一道奏章，说："外国请和，选使朝谒"，应该用中原传统礼节相待，"接以礼乐，示以兵威"。今却在大冷天里演出乞寒胡戏，表演者赤裸身体，一边相互泼水，一边跳舞歌唱，浑身泥土，颇不雅观。何况古时礼典，无此活动，故应禁止。[①] 十二月七日，唐玄宗即下敕禁断，理由是因为表演乞寒胡戏，"至使乘肥衣轻，俱非法服，阗城溢陌，深点华风"，何况更严重的是"妨于政要，取紊礼经"[②]。从此以后，这项群众性娱乐活动就被彻底禁止了。

初看起来，这有点小题大做，根本不值得宰相和皇帝去劳神干预。然而，一旦细究起来，则大有深意，因为它涉及到京城的安全，皇位的巩固，政局的稳定，即禁令所说的"妨于政要"。

乞寒胡戏，亦称泼寒胡戏，原本出于西域康国的一种娱乐习俗，后来东传至中原地区。在东传的过程中，内容逐渐丰富，规模逐渐扩大，从最初的"以水相泼"，发展到带着假面具群起群舞，并配上乐曲，成为一项集歌、舞、乐为一体的群众性娱乐活动。早在北周宣帝时，京城就有此戏上演。至唐武后末年以后，更为盛行。唐中宗时，曾在洛阳和长安出现过君臣齐观乞寒胡戏的盛况。唐睿宗时，有一次表演乞寒胡戏，张说在观看后，情不自禁地挥笔写下一组《苏摩遮五首》诗加以歌颂。诗题《苏摩遮》，也是表演乞寒胡戏的乐曲名称。"摩遮

① 《唐会要》卷三四《杂录》，第734页，上海古籍出版社点校本，1991年版。

② 《唐大诏令集》卷一〇九《政事·禁断腊月乞寒敕》，第760页，上海古籍出版社影印文渊阁《四库全书》本，1987年版。

本出海西胡，琉璃宝服紫髯胡。闻道皇恩遍宇宙，来将歌舞助欢娱。”“绣装帕额宝花冠，夷歌骑舞借人看。自能激水成阴气，不虑今年寒不寒。”“腊月凝阴积帝台，豪歌急鼓送寒来。油囊取得天河水，将添上寿万年杯。”“寒气宜人最可怜，故将寒水散庭前。惟愿圣君无限寿，长取新年续旧年。”[①] 这是其中的四首，何等热情！然而，时隔不久，同一张说，却于唐玄宗即位之初，就大肆斥责乞寒胡戏，要求禁演，令人深思！还是在唐睿宗时，当时正做太子的唐玄宗为了观看乞寒胡戏，不惜太子之体，换上便装，钻进人群，何等喜欢！可是，仅一年余，唐玄宗由太子为皇帝，即下令禁止，发人深省！

原来，到了这个时期，乞寒胡戏已从群众性的娱乐活动，发展成超大型的竞斗游戏，性质上有所变化。参加的人，穿戴胡人服饰，骑着高头大马，一队队，一排排，驰骤奔腾，纵情狂舞。因唐朝前期的军队主要由骑兵组成，故当时就有人指出乞寒胡戏的演出，就像是军队检阅，骑兵演练，“旗鼓相当，军阵之势也；腾逐喧噪，战争之象也”[②]，已具有半军事化的性质。而参加者的身份也复杂起来，除各族的平民百姓外，还有了“王公贵人”的参与。更为突出的现象是“诸王亦有此好”，纷纷加入。他们各自组成一班人马，在乞寒胡戏的活动场上夸奢丽，斗盛装，竞驰骏马，以争胜负，旗鼓相赛，以比威风。娱乐之场，变成竞斗之地，以“军阵之势，列庭阙之下”，严重地影响着京城的安全。如当时有人针对“皇太子微行观此戏”，指出在人头攒动的观众中，有可能潜伏着刺客之类，随时会发生不测之事。而更大的危险性，还在于乞寒胡戏的大型娱乐场面正可掩护有计划、有组织的搞政治阴谋，“卒

① 《全唐诗》卷八九，第982页，中华书局断句排印本，1960年版。
② 《唐会要》卷三四《论乐》，第730页。

然奔呼，掩袭无备”[①]，很容易取得突然发难的效果。唐自建立至开元元年（713年）之前，大臣们勾结“王公贵人”“诸王”搞政变的事，屡见不鲜，而这个时候，邠王、宋王、申王、岐王、薛王等“诸王”还都在京城。所以，乞寒胡戏活动的大规模化以及诸王的参与，对唐玄宗的帝位、政局的稳定构成了潜在的威胁。作为有政治头脑的宰相，张说对这个隐患能察微观末，而作为一个精明的皇帝，唐玄宗也能心领神会张说所建议的真实用意，遂以“妨于政要”为由将乞寒胡戏禁止，客观上有助于消除政局不稳定的因素。

五、李泌巧喻妙语护太子

唐德宗贞元三年（787年），李泌被正式任命为宰相。在唐代众多的宰相当中，他是一位颇具传奇色彩的宰相，早年在唐玄宗时，即以“神童”闻名。安史之乱后，历经肃、代、德三朝，既以布衣卿相的身份成为皇帝的座上宾，又与朝廷保持着若即若离的关系，既以超凡的机智使自己在险恶的政治环境中得以巧妙解脱，又以过人的才识为保持朝廷政局的稳定出谋献策。

唐肃宗在灵武即位后，立即派人召自己当年做太子时的朋友李泌。等到李泌到来，唐肃宗十分高兴，要任命他为宰相。李泌则表示要以老朋友的身份帮助唐肃宗谋划，而不愿做宰相。于是，凡遇朝廷起草文告、下达命令、任免将相等重大事务，唐肃宗都要让他参议，“权逾宰相”。唐肃宗准备让自己的第三个儿子建宁王李倓担任天下兵马元帅，率领大军东征。李泌表示反对，说：“建宁王确实是有帅才的，但广平王是他的

---

① 韩朝宗：《谏作乞寒胡球表》，《全唐文》卷三〇一，第1351页，上海古籍出版社影印本，1990年版。

长兄。如果建宁王一旦在东征平叛中大功告成，难道要广平王像古代的吴太伯那样，为了让位于弟弟而出逃蛮荒之地吗?”唐肃宗说：“广平王已做了皇太子，不必把天下兵马元帅看做是什么重任。”李泌说：“当今天下正处在战乱之际，而担任元帅军职的人为众望所归，人心所向。如果建宁王平叛成功，即使陛下不打算立他为太子，而那些与他一起立有大功的部下们又怎肯罢休啊？当年大唐建立时，高祖的次子太宗因在率军征战中立有平定天下的大功，便与太子李建成的矛盾激化而发生兄弟火并。太上皇（唐玄宗）本是唐睿宗的第三个儿子，但因在消灭韦后集团中立有头功，只得立他为太子。这就是发生在本朝而最能说明问题的两个先例。”李泌的一番话，有理有据，从保持皇储地位的稳定就是保持朝廷政局的稳定的高度来说明问题，唐肃宗也悟出这样做的严重后果，于是任命广平王李俶为天下兵马元帅。

至德二载（757 年），唐军收复长安、洛阳二京后，作为唐军统帅府参谋长的李泌，被派去向唐肃宗告捷。唐肃宗在凤翔召见李泌，谈过正事后，李泌就表示自己不愿留在朝廷，要像以前一样做个闲人。唐肃宗一听就急了，问道：“我们共患难多年了，眼看可以同享乐了，为什么要离我而远去呢?”李泌顿了一下，说出五条不可留在朝廷的理由：“我幸遇陛下太早，陛下任用我太重，宠信我太深，我又立功太高，事迹太奇。”唐肃宗一下子就听出了弦外之音，赶快表示自己决不学越王勾践的样子，在复国成功后就杀功臣，也希望李泌不要学范蠡的样子，在功成名就后便抽身而去。至此，李泌知道今天谈话的内容可以进入正题了，便把话题一转，说出一个使唐肃宗悔恨交加的事情。

原来，在李泌不在朝的一段日子里，朝中发生了这样一件政治事件。建宁王李倓有胆有识，善于骑射，在扈从唐肃宗至灵武时，一路上身先士卒，颇受唐肃宗器重。原本打算任命他为天下兵马元帅，后在李泌及朝臣的劝阻下，唐肃宗改命他统领皇家卫队。大宦官李辅国和唐肃宗的妃子张良娣，也是扈从唐肃宗至灵武的有功人员，后干预朝政日深，感到作为天下兵马元帅的太子李俶是个不好对付的角色，将来会阻遏他们的权力欲望，便想着要提早下手铲除掉。于是，他们拉拢建宁王李倓做同伙，而建宁王识破了他们的阴谋，便告诉了唐肃宗。由此，张良娣、李辅国二人来了个恶人先告状，就极力编造建宁王的坏话，并散布政治谣言，说："建宁王对于自己未能当上天下兵马元帅而总领兵权之事，郁郁怀恨，抱有异志。"唐肃宗听了，气怒之极，不做调查就把建宁王赐死。天下人都知其冤枉，唯有唐肃宗蒙在鼓里。张良娣和李辅国还不罢手，要动摇太子的地位。李泌知道照此下去，宫廷内会不断地发生自相残杀，政局也会随之动荡不安，怎么能继续平叛？便利用自己与唐肃宗既为君臣、又是旧友而无话不谈的特殊关系，巧妙地把话题引到这个问题上来。

唐肃宗见李泌提及此事，便说："李倓在艰难时期，确实出力不少。可惜受小人的调唆，要加害兄长而图谋太子之位。我为了国家大计，只得采取大义灭亲的手段。"李泌说："那个时候，我在河西，知道其中的详情。广平王对兄弟们很友善，至今一说到建宁王，就痛哭流涕。陛下所说的，只不过从谗人之口得来的罢了。"唐肃宗流着泪说："事情已经这样，也无可奈何了！"李泌却进一步劝导说："陛下曾听说过《黄台瓜词》吗？高宗共有八个儿子，而与武后所生者四人，自为排行，皇祖父唐睿宗为老四。老大叫李弘，立为太子，仁明孝友，但武后正谋图临朝听政，便下毒把他害死了。老二叫李贤，立为太子后，总是担心忧虑，恐怕被害，便作了首《黄台瓜词》：'种瓜黄台下，瓜熟子离离。一摘使瓜好，再摘使瓜稀。三摘犹尚可，四摘抱蔓归。’并配上曲子让乐工艺人歌唱，希望高宗、武后听到后能够醒悟。但还是以谋反罪名被废除而流放死去。建宁王之事，陛下已摘其一，今后千万谨慎，不可再摘了！”唐肃宗听了，十分惊讶地说：“您怎么说出这样的话？”当时，广平王因平叛立有大功，所以也受到了谗言，李泌才以本朝故事为喻，提醒唐肃宗不可再听信谗言。此后至唐肃宗死，广平王的太子地位一直很稳固，而朝廷政局也因之稳定。

李泌于贞元三年（787年）六月正式受命为相。当他第一次以宰相身份入朝参拜时，唐德宗就当着朝臣的面对李泌说：“当年您在灵武之时，已该做宰相，而您自己退让不做。”这是对李泌寄托着厚望，而李泌也不辜负此番美意，在正式任相之后的短时间内，就以他的才智解决了两件影响京城安全和政局稳定的大事。

自安史之乱后，唐朝廷将驻守在河西、陇右地区的边防军相继调入中原平乱，吐蕃就乘虚而入，逐渐占领其地，即现在的河西走廊。在此之前，有安西、北庭等边远地区的地方官派人向朝廷报告事务，也有西域各国的胡人使者到京城朝贡，此时，由于被吐蕃占领军隔断了归路，便滞留于长安城。开始，他们由专门管理外国使臣及宾客的鸿胪寺负责礼仪接待，日常生活则交由京城所在地的府、县官吏负责，而府、县官吏又将具体的物质供应交给长安城的商家，所需钱款则到负责处理财政事务的度支那里领取。但是，随着军费的日益扩大，而国家财政也日益吃紧，度支常常不能按时支付费用给他们，而他们也就经常拖欠商家的货款。于是，商家资金因周转困难而叫苦不迭，滞留长安城的西域胡人也因度支付款不及时而去官府闹事，流弊日久，久拖不解，严重威胁着京城的安全，如果使事态进一步扩大，还有可能影响朝廷政局的稳定。所以，李泌在担任宰相的第二个月，就着手解决这个问题。他通过深入调查，发现滞留在京城的西域胡人，有许多竟长达四十余年，大都已成家，妻子儿女一大群，并购置私有田地和住宅。其中一批富有者，还通过放高利贷进行牟利活动。他们已在长安城过着安逸的生活，根本就不想再返回原地。可为了生活享受，仍然利用自己的宾客身份，伸手向官府要钱，向商家取物。李泌了解到详情后，派人对拥有田地、住宅以及其他有生活来源的胡人做了清理统计，共有四千多人。于是下令，官府停止一切供给。他们便纷纷到宰相办公的地方提出上诉意见。李泌从容地对他们说："你们长期滞留在长安城，都是前任宰相们的错误过失。难道有外国的朝贡使者留在京城几十年而不返回去的道理吗？现在可以由朝廷向回纥人借道送你们回去，或者由朝廷从海路上将你们送回去。凡是不愿意回国的，应当到鸿胪寺报名登记，朝廷授予职位，供给禄俸，成为大唐的臣民。人生在世，应趁着时机施展才能，怎可终身作客而死于外乡呢?"这些胡人无一个愿意返乡的，李泌便将他们分属于左、右神策军，凡原来为王子、使臣身份的，让担任散兵马使或押牙之军职，其余的都为士兵，使京城禁军更强盛。这样一来，具备资格暂居长安而由官府供养的胡人，经鸿胪寺核准，仅剩十几个人，不仅每年为国家节省五十万缗钱的开支，商家也因减轻负担而十分高兴，而且由于客居的胡人不再闹事，长安商家不再埋怨，从而消除了一些影响京城安全和政局稳定的不利因素。

贞元三年（787 年）八月，即李泌任相的第三个月，京城长安发生了一件因宫廷斗争而影响政局稳定的事。唐肃宗的女儿郜国公主在日常生活上不太谨慎，一些年轻官员经常出入公主府。因郜国公主的女儿为太子李诵的妃子，故而很受唐德宗的恩遇礼待，她也就经常乘轿直接进入太子居住的东宫。前者成为政敌攻讦的把柄，后者引来其他皇亲国戚的嫉妒，于是向唐德宗告状，说郜国公主生活淫乱，行为不端，还请巫师做诅咒他人的勾当。唐德宗一听大怒，就把郜国公主囚禁在后宫，并且严厉地责备太子。太子一时不知所措，便请求与妃子离婚。因为唐德宗最忌讳王公、外戚与朝臣勾结往来，所以，并不因做了如此处理而息怒，仍然怀疑太子与此事有关，便召来李泌告诉了此事，并且说："舒王最近长大成人了，而且孝友温仁。"暗示有废立太子之意。如果这样做，势必会引发新的宫廷斗争，从而波及朝廷政局的稳定，李泌对此有着清醒的认识。于是说："事情何至于到了这种程度！陛下的亲生儿子，唯太子为成人，怎可因一点怀疑，就要废除他而立侄子，是不是考虑得欠妥啊？"唐德宗勃然大怒，说："您怎么可以离间人家父子？谁告诉您说舒王是侄子的？"李泌说："陛下自己说的。代宗大历初年的一天，陛下告诉我，'今天得到了几个儿子'。我询问其中缘故，陛下说'昭靖太子的几个儿子，皇上让我养育。'如今陛下连亲生的儿子都要怀疑，何况是侄子呢？舒王虽孝，从今以后，陛下好自为之，不要再指望他孝顺了！"唐德宗说："您说这种话，就不怕杀您的家族吗？"李泌说："正因为我害怕家族遭殃，所以才不敢不实话实说。如果我畏惧陛下正在气头上而曲意附和，陛下明天后悔了，必然怪罪我说：'我任你为相，不极力劝谏，使事情弄成这个样子，一定要杀你的儿子。'我老了，余年不值得怜惜，但若冤杀我的儿子，使得我以侄子做继承人，我极不情愿啊！"因而泪流满面，唐德宗也哭泣着说："事已如此，让我怎样做呢？"李泌说："这是大事，希望陛下慎重从事，仔细考虑。我起初认为，以陛下的圣德，应使海外蛮夷都对陛下感恩戴德如同父母，哪里想到陛下对自己的儿子都怀疑成这样啊？我今天要把话说得透彻，不敢忌讳什么。自古以来，父子之间相疑，没有不国破家亡的。陛下还记得过去在彭原时，建宁王是怎么被杀的？"唐德宗说："建宁王叔父实在冤枉，肃宗性子太急，害他的人太狠毒！”李泌说：“我从前因建宁王冤死之故，坚决辞去官爵，发誓不接近天子左右。不幸如今又为陛下的宰相，再次目睹这种事。我在彭原，很受肃宗器重，竟不敢公开说建宁王之冤，等到辞别时才说此事，肃宗也后悔得流泪不止。肃宗自从建宁王死后，常怀危惧，我也为肃宗朗诵《黄台瓜词》，以防止再发生谗言诬陷的事端。”唐德宗说：“我当然知道。”气氛开始有所缓解，便问道：“贞观和开元年间都曾废立过太子，为什么没有亡国？”李泌说：“我正要说这个问题。从前，太子李承乾曾多次代理朝政，巴结逢承他的人很多，太子东宫的武装士兵也较多，便与宰相侯君集一起谋反，事情败露，太宗让他的舅父长孙无忌和几十位朝臣审问他，谋反的事查清楚，然后集合百官讨论处理的意见。当时参与讨论的人还在说‘希望陛下不要失去父亲的慈爱，让太子活到老。’太宗听从了，把太子以及与太子争夺皇位继承权的魏王李泰一块儿废除。陛下既然知道肃宗性子太急，认为建宁王冤枉，我深感庆幸。希望陛下警戒前车之覆，吸取经验教训，缓上三天，推敲其中的由头而慎重思考，陛下一定会明白太子没有其他想法。如果真有什么不轨之迹，应当召二十位知晓义理的大臣与我一起审问太子左右的人，一旦发现确有其事的话，希望陛下按照贞观时处理太子李承乾的办法去做，一并废除舒王而立皇孙为皇位继承人，将来拥有天下者还是陛下的子孙。至于开元后期，武惠妃为了要立自己所生之子为太子，陷害太子李瑛等兄弟三人而惨死，天下人都为之抱冤，这是百世都应警戒的。而且陛下过去曾让太子与我在蓬莱池见面，我观察他的容态仪表，决无奸人之相，还恐怕失于柔仁呢！另外，太子自从贞元以来，经常居住少阳院，在陛下的寝殿之侧，未曾接见宫外之人、参与宫外之事，怎么会有异谋呀？何况，只因太子妃之母有罪过，就得连累太子吗？幸亏陛下给我讲了这事，我敢用全家族人的性命担保太子一定不知道她所做的事。”唐德宗说：“这是我的家事，与您什么相干，而这样用力地争辩？”李泌说：“天子以四海为家。我今日担当宰相重任，四海之内，即使一物失所，责任也要归于我。况且是太子横遭冤屈而坐视不理，我的罪就大了！”唐德宗说：“为您推迟到明天思考这事。”李泌抽下笏板叩头而哭着说：“这样的话，我知道陛下父子慈孝又像当初了！但是，陛下回到后宫，应当自己慎重考虑，不要向身边的人透露废立之意，一旦透露了，那些投机分子都想在舒王身上立功，太子就危险了！”唐德宗说：“晓得您的意思。”隔了一天，唐德宗在延英殿单独召见李泌，抚摸着李泌的背部说：“不是您恳切直言，我今天就要后悔不及了！都如同您说的，太子仁孝，确实没有什么异谋。自今以后，军国大事及我的家事，都应当与您商议。”从此以后直至唐德宗死，太子的地位再没有动摇过，终于避免了一次政局动荡。

第二节　消除分裂势力

一、力排众议防患未然

废除分封制，建立郡县制，不仅是秦朝在顺应历史潮流的情况下对政治体制所做的一项重大改革，而且更是对长达数千年的中国封建社会有着深远的影响。但是，郡县制在建立过程中，并非一帆风顺，有赞成者，也有反对者，颇见异同。其中，秦朝名相李斯对建立郡县制所表达的意见，可谓独树一帜。

秦王二十六年（前 221 年），秦国经过对关东六国的无数次兼并战争，终于统一了全国，建立了大秦王朝，秦国君主也改称皇帝。面对幅员突然变得如此广阔的国家，作为丞相的王绾，在管理上一时还不能适应，便建议说：“各诸侯国刚消灭的时候，燕国、齐国、楚国因为地处远方，不曾封立诸侯王，没人去镇守。现在请求封立陛下的儿子为王，希望予以准许。”秦始皇把这个意见交由群臣讨论。大部分朝臣认为秦始皇有二十多个儿子，理应效法周朝的做法，分封诸王，建立邦国，使拱卫中央朝廷，故而同意王绾的建议。但具有政治远见的李斯，则认识到这样做就会埋下重新分裂国家的种子，故而力排众议，坚决反对。他说：“周文王、周武王所分封的子弟及同姓诸侯很多，起初还相安无事。然而，后来时间一长，他们就彼此疏远，互相攻打，好像仇人似的。而诸侯之间的你打我杀，即使周天子也无法禁止。现在，仰赖陛下的神明而使国家一统，在天下分别设置郡、县，而用国家的税赋对诸子、功臣加以厚赏重赐。这样做，从行政上很容易管理，天下人没有二心，这才是安定国家的方法。所以，不可再分封诸侯。”这一段话，既有对历史事实的回顾，又有对现实情况的考虑，还有对安置皇帝之子、立功之臣的筹划，以及协调统治集团内部关系的措施，清楚地表达出李斯对维护天下安定、国家统一的政治主张。而且，自从郡县制在春秋战国之际产生以来，在许多诸侯国里都不同程度地实行过。特别是在秦国，商鞅变法时就普遍推行过郡县制。以后，郡、县逐渐在增多。至秦始皇十三岁继位的时候，每当新占一个地区差不多都要随之设郡，所置之郡已有十多个了。因此，秦始皇对李斯的见解当即加以肯定地说：“天下长期苦于战乱，就是因为分封诸侯造成的。幸亏凭借着祖先的威灵，才使天下刚刚安定下来，又要重新分封诸侯，这是自我树敌，埋设隐患，却想求得国家安宁，不也困难吗？还是廷尉李斯的意见对。”于是，在天下设立三十六个郡，每个郡下再设若干个县，官员由朝廷直接任命，从而在全国实现了从地方到中央一体化的行政管理制度。因李斯具有防患于未然的政治远虑，更加受到秦始皇的赏识，不久即升任他为丞相。

秦始皇三十四年（前213年），亦即灭掉六国之后的第九个年头，分封制的议论再次兴起。这一年，秦始皇在咸阳宫大设酒宴，招待群臣，而任仆射之职的周青臣立即上前赞扬道："从前秦国的土地不过千里，仰赖陛下圣明，平定天下，赶走蛮夷，日月照耀之处，无不称臣归顺。又把当年各国诸侯的土地改设为郡县，人人安居乐业，不必担忧战乱。这样伟大的功业，可以流传万世，自上古以来，绝无人可比。"秦始皇听了，十分高兴。但是，有个叫淳于越的博士官则接口说："我听说殷、周二朝各拥有天下一千多年，是因为分封子弟及功臣为诸侯，形成分支力量来辅助中央朝廷。而如今，陛下虽君临海内，子弟却是匹夫，一旦发生像以前齐国田常、晋国六卿之类的乱臣篡权时，没有辅助力量，用什么来挽救？做任何事情，如不效法古制，却能够长久的，还从没听说过。现在，周青臣当面阿谀奉承，是在加重陛下的过失，实在不是忠臣。"秦始皇又将他的意见交由群臣讨论。丞相李斯说："上古五帝的制度不重复，远古三代的举措不因袭，各自采用合适的方法去治理国家，并不是故意要和前代作对，而是时代变迁的需要。现在陛下创建大业，立下万世之功，本来就不是这些腐儒所能了解的，何况他们说的是缥缈不实的上古之事，怎能效法呢？"秦始皇听从了他的意见，仍坚持实行郡县制，建立起一整套处理地方行政事务的管理制度，从而有效地防止分裂势力的滋生。

二、略施小计排除隐患

空前强大而统一的秦王朝，仅维持了十余年，即迅速瓦解灭亡了。在灭秦的诸多因素和各种势力中，除过因暴政引起陈胜、吴广起义而首发其端外，真正灭了秦朝的是关东旧贵族图谋复国的强烈愿望以及迅速崛起的分裂势力。随后的西楚霸王的灭亡，也是分封诸侯造成的。汉初君臣，大都是从这两个时代过来的人，故对此有着清醒的认识。所以，从汉中央朝廷建立之日起，具有政治远见的汉高祖刘邦及萧何、陈平等宰臣，就时刻注视着异姓诸侯王的动静，使用各种方法消除那些现实的和潜在的分裂势力，尽力保持着国家的统一。

韩信为汉王朝的建立立下了汗马功劳，故前后被封为齐王、楚王，握有重兵。一些具有政治野心的谋士，正是瞅准了这一点，不时地游说韩信，劝其独立建国，成为一股潜在发展着的分裂势力。刘邦对此忧虑重重。

汉高祖六年（前201年），刘邦得知项羽手下的一位勇将钟离昧躲藏在楚王韩信的军中，便下令韩信逮捕钟离昧。但韩信过去曾在项羽的楚军呆过，与钟离昧关系很好，项羽被灭后，钟离昧逃到韩信这里藏身，故在碍于老朋友情面的情况下，韩信对朝廷的通缉令不予理睬。而且韩信在封国内巡视县邑时，都要陈列重兵护卫。正在这当儿，便有人秘密告发韩信准备谋反。刘邦便分别召集朝中文武大臣商讨对策。武臣普遍倾向于用兵，愤怒地说："马上派遣军队，活埋了这小子。"刘邦听后，默默然不表可否。于是再问陈平，起初他很谨慎，一再推辞，不拿主意。最后，他反问刘邦说："各位将军都有什么高见？"刘邦把将军们的意见告诉了陈平。陈平问："告发韩信谋反这件事，还有外人知道吗？"刘邦说："没有外人知道。"陈平问："韩信本人知道这事吗？"刘邦说："还不知道。"陈平问："陛下的精兵与韩信的军队相比，哪个更强？"刘邦说："我军比不上。"陈平问："陛下的将军中，有谁在用兵打仗上能超过韩信？"刘邦说"没谁能超过。"陈平说："现在，陛下的军队不如韩信的精锐，将军的用兵才能比不上韩信，却要派兵去攻打，这是促成他与我们开战，我私下里为陛下的安危担忧。”刘邦问：“那该怎么办？”陈平便出主意说：“古时的天子要定期巡行天下，会见各地诸侯。楚地有云梦泽，自古有名，而陛下可假托效仿古代君王，出游云梦泽，并放出话说要在陈县会见诸侯。陈县处于楚的西部，韩信听说天子只是寻常出游，肯定不起疑心，因而会赶到陈县郊外迎接拜见陛下。等到见了面，陛下可趁机拿下他，这不过是一个有力气的人就能办到的事，何须大动干戈？”刘邦觉得这主意不错，便派出使者通知各地诸侯前往陈县会见，说是“吾将游云梦”[①]。刘邦随即出发，还没到达陈县，韩信果真在郊外的路上恭候迎接。刘邦先已派好了武士，一见韩信，立刻把他捆绑起来并塞进车子。刘邦到了陈县，会见诸侯，楚地全部平定。等回到洛阳，刘邦因韩信的兵权及封地已被收回，也就赦免了他，降封为淮阴侯。

韩信被夺兵降爵，后又被带至长安城过着软禁式的生活，日夜怨恨，郁闷不乐。他又常常自认为与周勃、灌婴等武臣处在同等地位上而感觉是一种羞耻。有一次，韩信去拜访将军樊哙，而樊哙跪拜送迎，自称臣子，并说：“大王今日竟然肯光临！”韩信出了门，嘲笑着说：“我这辈子竟要和樊哙这般人为伍了。”可见韩信对于失去兵权是多么的懊恼啊！所以，在陈豨被任命为巨鹿郡守而向韩信辞别时，韩信拉着他的手并避开身边侍从人员在庭院散步，仰望天空叹息说：“您能听听我的知心话吗？有些心里话想跟您谈谈。”陈豨说：“一切听凭将军吩咐！”韩信说：“您做郡守的地方，是天下壮士聚集之处，而您又是皇帝宠信的臣子。如果有人告发您谋反，皇帝必不相信。如再次告发，皇帝就起疑心了。如有第三次告发，皇帝一定大怒而亲自率兵出征。我在京城做您的内应，就可夺取天

① 《史记》卷九二《淮阴侯列传》，第 2627 页。

下。”陈豨一向熟知韩信有将帅大才，用兵谋略，从而深信不疑地说：“我一定听从您的指教！”

汉高祖十年（前197年）九月，陈豨自立为代王，公开反叛。刘邦亲自带兵前去讨伐，而韩信借口生病没有随行。韩信暗中派人去告诉陈豨说：“放心起兵，我在长安城里协助您。”韩信于是和家臣秘密谋划，准备在夜里假传圣旨，赦免那些在官府服役的犯人和奴仆，并发动他们去袭击吕后和太子。一切都计划好了，只等陈豨的密报一到，就开始行动。但韩信有位家臣由于得罪了韩信，被韩信关了起来，并打算处死。这个家臣的弟弟便向吕后告发了韩信谋反的有关情况。

汉高祖十一年（前196年）正月，吕后打算召韩信来加以处治，但又怕他不肯前来就范，于是找丞相萧何来谋划这件事。萧何献出一计，让人假装说是从前线带回消息，皇帝俘虏了陈豨，并已处死，对这等喜讯，群臣列侯都要进宫祝贺。韩信听到这个消息，很是吃惊，一时不知所措。这时，萧何特来会见韩信，并劝诱说：“您即使有病，也应强打精神进宫祝贺。”从前，韩信是由萧何极力举荐，才得以重用，所以对萧何是一向信任的。等韩信一进宫，吕后就命令武士把他抓起来，即刻处死于长乐宫的钟室里。

刘邦回到长安后，见韩信已死，既是高兴，又是怜悯。高兴的是除去了一块心病，再不用担心他搞分裂活动；怜悯的是一位屡立战功的将军竟遭此下场。

三、避实击虚完胜叛军

汉高祖刘邦生前积极铲除异姓诸侯王的势力，并逐一灭掉他们，从而消除了威胁朝廷、分裂天下的隐患。但是，他又分封自己的子弟为同姓诸侯王，认为这是“天下一家”，可作为中央朝廷的羽翼护卫。这些同姓诸侯王，初封时还都是娃娃或小青年，封国内的实权也掌握在朝廷任命的傅、相等官员手里，尚不能搞分裂活动。但是，过了十几二十年，他们长大成人，羽翼渐丰时，就与中央朝廷对抗起来，以致造反。这就是后来汉文帝时著名的政论家贾谊所指出的：异姓王幸被战胜了，同姓王又会成为严重问题。对此后果，刘邦显然是始料不及的。

汉文帝时，济北王、淮南王先后谋反，渐渐拉开了同姓诸侯王造反的序幕。到了汉景帝前元三年（前 154 年），终于爆发了吴、楚等七个同姓诸侯王国联合反叛。其中，势力最大的吴王刘濞亲自率兵二十万向北进犯，渡过淮河后，与楚军会合，先进攻梁国，又派奇兵埋伏在崤关、函关之间，伺机行动。

吴、楚等七国以武力公开造反，朝廷震动，立刻派出大军前去镇压，汉景帝命令周亚夫率领三十六将军进击吴、楚，派遣郦寄、栾布率兵分头进击赵、齐，又命令窦婴为统帅，屯守荥阳，策应前方，稳固后方。三个月后，平叛获胜，周亚夫、窦婴立了大功。因此，他二人前后升任丞相。

周亚夫率军出发前，先拟定战略方针为："暂避敌军锐气，不与直接交锋；放弃梁国部分城地，消耗敌军精力；断绝敌军粮道，在拖垮敌军中获胜。"经请示汉景帝，得到了同意。大军行至霸上时，有个叫赵涉的人拦在周亚夫的车前，对他大声说："将军东击吴楚，获胜了，朝廷安全；失败了，天下危乱，能听听我的意见吗？"周亚夫立刻跳下车，急忙向赵涉行礼，恭敬请教。赵涉便娓娓谈论道："吴王刘濞打探到将军率兵出发的消息，肯定会在将军东进所必经之崤山至渑池的险要地段设下伏兵，伺机袭击。所以，将军可迅速改变行军路线，隐秘前进，由此向右走蓝田、武关这条路，出其不意，奔向洛阳，不过相差一两天即可到达。一到洛阳，控制武库，擂响战鼓，先声夺人，叛军一听，当受震动，还以为将军从天而降。”周亚夫一听，即知是妙策，传令军中，依此而行。大军南出武关，经南阳而到达洛阳，先据有武库，再抢占军事要地荥阳，又控制屯粮之地敖包。然后，派兵到崤山、渑池一带搜索，捕捉了吴王派遣的伏兵，保障了潼关、洛阳之间的交通畅通，使军需供应能及时输送。

吴、楚叛军猛烈攻打梁国，进而围攻其都城睢阳。这时，周亚夫向老谋深算的部下邓都尉请教。邓都尉说：“吴国叛军的士气正盛，不宜与之争锋。楚国叛军的士气轻佻，不能持续多久。眼前的完全之策，是将军领兵向东北到昌邑坚守，放任吴兵进攻梁国，吴王就会派精兵全力攻梁。将军只管深沟高垒，养精蓄锐，只派出快速部队奔袭淮泗口，断绝吴军粮道。待到吴、梁两军对峙得筋疲力尽，而吴军粮食吃完时，于是全军出击，必获大胜。”这正符合他出京前制定的先予后夺、避实击虚的策略，更坚定了按兵不动的决心。尽管梁王刘武一再派人求援，周亚夫就是沉住气不出兵。梁王又向汉景帝报告。因为梁王是汉景帝的同胞弟弟，又特别受太后的宠爱，汉景帝只得改变初衷，派遣使者，传达圣旨，命令周亚夫紧急救援。他仍然不予理睬，坚守营垒不出，只派部将韩颓当率领轻装骑兵袭击淮泗口，断绝吴军的运粮通道。然后，他将大军推进到下邑。梁王也无奈，只好率领部下死守，与吴军相持了三个月。吴、楚叛军在力量遭消耗、锐气被挫伤的形势下，已感到进退两难，于是回军至下邑，要与周亚夫所率汉军主力决战。多次挑战，周亚夫都不予回应。有一天夜里，营中突然惊扰起来，一直闹到周亚夫的帐篷旁。周亚夫不愧是有胆有识的主帅，不为所动，仍然安卧帐中，仅一会儿，全营安定下来。吴军拉到汉军营垒外东南角上，摆出从东南方向进攻的阵势，周亚夫并不受此诱惑，而加强营垒西北角的防守兵力。果然时间不长，吴军精锐兵力就转移到西北方向来进攻。由于早有戒备，敌军没能得逞。吴、楚叛军因为饥饿，只得撤退。周亚夫瞅准时机，派出精兵，乘势追击，大破吴军。吴王刘濞在慌乱之中丢弃了大部队，仅带着几千士兵逃跑，渡过长江，在丹徒布防。而楚王刘戊在兵败之后，走投无路而自杀。朝廷悬赏重金，捉拿吴王。过了一个多月，逃到东越的吴王，被当地人杀死。其他五个叛国，都不攻自破。过后，汉军将领都很佩服周亚夫的用兵谋略。

当吴、楚七国发动武装叛乱的消息传到京城后，汉景帝即刻着手挑选出征将帅，除周亚夫外，还在宗室和外戚的子弟中物色人选。通过考察，发现窦太后的侄儿窦婴很贤明，适合做统军主帅。于是召他入朝，当面委托以带兵平叛的重任。窦婴虽一再表示感谢汉景帝对自己的信任，却又口口声声说自己有病，难当大任，而不接受诏命。过了些天，汉景帝又派使者催促窦婴入宫，一再劝慰，令他就任。可窦婴还是推脱，汉景帝有些急了，生气地说："吴楚叛军来势汹汹，大汉江山岌岌可危，国家有难，天下将乱，您作为皇亲国戚，难道要袖手旁观吗?"窦婴见汉景帝是真情实意地委任自己为统兵主帅，便同意了。汉景帝当即任命他为大将军，并赏赐黄金一千斤。窦婴认为当前形势是既该救齐，亦应击赵，故特别推荐一些退休在家的名将贤士，汉景帝都予以起用，其中派栾布率兵救齐，郦寄率兵击赵，都由窦婴节制。

窦婴在京城设立临时指挥部，把所赏赐的一千斤黄金全堆在走廊上，在与将士商议军机之后，让他们在领取规定的军需的同时，再酌量从走廊上拿些黄金作为补充费用。一千斤的黄金全部散完，而窦婴本人是一两未取。因此，窦婴尚未出征，人还在长安，就已赢得士心。

窦婴率领大军出关后，坐镇洛阳东面的战略要地荥阳，节制各路兵马，协调前方战机，保障后勤供应。三个月后，取得平叛胜利。

吴、楚七国武装叛乱的爆发，是西汉同姓诸侯王国分裂势力恶性发展的必然结果。在两位既具将才又有相才的主帅周亚夫、窦婴的指挥下，平叛取得胜利，朝廷便乘机将吴、胶东、淄川、济南、赵等诸侯王国废除掉，同时下令免掉其他诸侯王的行政权力，削减他们手下的官吏，大大削弱了诸侯王的实力，使难于控制的局面大为改观。由此可见，周亚夫、窦婴为进一步巩固国家的统一，做出了不可磨灭的贡献。

第三节　文武并用削藩

一、杜黄裳以武略平敌之乱

永贞元年（805 年）八月，西川节度使韦皋病逝，支度副使刘辟自立为西川节度留后。他为了使朝廷承认自己为西川节度使，就唆使部下向朝廷请命。即位不久的唐宪宗，不但没有答应，反而于同年十月任命袁滋为西川节度使，同时任命刘辟为给事中，召他回京。刘辟的野心受挫，又不甘心，于是铤而走险，拒不接受朝廷任命，决定拥兵固守西川，以武力对抗朝廷。新任西川节度使袁滋是个懦夫，见刘辟如此嚣张，竟不敢前去就任。唐宪宗一气之下，把他贬为吉州刺史。不过，唐宪宗又考虑到自己刚刚继位，不便立刻对刘辟采取武力行动，因而先忍让一步，于永贞元年（805 年）十二月，正式任命刘辟为西川节度副使、知节度使，即暂时管理西川政务。

刘辟认为自己的强硬态度得逞了，朝廷软弱可欺，竟然狮子大开口，要求朝廷让他兼管三川之地，就是剑南西川、剑南东川及山南西道三镇。唐宪宗对于刘辟的无理要求，予以严词拒绝。刘辟见朝廷不满足他的要求，就出兵把东川节度使李康围困在梓州，并想以他的幕僚卢文若代替李康为东川节度使，企图强行占取地盘。刘辟的这一狂妄举动，已是明目张胆的反叛朝廷了。

唐宪宗想用兵讨伐，又犹豫不决，而一些朝臣对远征刘辟也心存忧虑，认为蜀地山高路险，难于行进，用兵困难，不易取胜，实际是不赞成用武力征讨刘辟。在关键时刻，宰相杜黄裳挺身而出，力排众议，坚决果断地对唐宪宗说："刘辟不过是个又狂又蠢的书生，收拾他如同捡取草芥一样容易！"杜黄裳虽对刘辟予以极大蔑视，但在具体战术上并未掉以轻心，于是力荐智勇双全、胆识过人的神策军使高崇文为主帅，统领大军征讨，说他一定能够消灭刘辟。还向唐宪宗建议，不要在高崇文所率军中设置由宦官担任的监军，使主帅在前线充分而自由地发挥才能，避免对军事行动产生掣肘之弊。唐宪宗完全同意了。

高崇文率兵出发后，杜黄裳坐镇长安，以宰相的身份亲自调度处理讨伐刘辟的各项军政事务，凡向高崇文发出的指令，无不符合前方的军情。杜黄裳对于主帅高崇文使用软硬两手，促其积极有效地平定叛乱。他深知高崇文作战英勇，谋略和治军之才都很出众，在战场上必有一番作为，故给予充分的权利和全力的支持。但在同时，又积极加以鞭策，如派人对高崇文说："若不奋命，当以刘澭代之。"[①] 因为刘澭也是一位勇将，而高崇文一向都畏惧他。由此促使高崇文在平叛中不敢懈怠，而是全力以赴。

高崇文初战梓州，一举告捷。随后又亲率大军挺进成都，一路上所向无敌，而刘辟不战自败，率领几十名骑兵逃出成

① 《旧唐书》卷一四七《杜黄裳传》，第 3974 页。

都，投奔吐蕃。高崇文派兵急追，刘辟逃跑不及，就一头扎进江里，准备一死了之。就在此刻，追兵赶到，把刘辟从江里捞了上来，塞进囚车，押送到长安。唐宪宗经过问罪后，将其绑赴刑场处斩了。

高崇文取得平叛的重大胜利后，大臣们都入朝祝贺，而唐宪宗以极其兴奋的目光注视着杜黄裳说："此卿之功也！"①

当平叛的军事行动刚开始时，有一次，唐宪宗与杜黄裳讨论藩镇的问题。杜黄裳说："德宗自从经过朱泚、李怀光反叛的忧患之后，便对藩镇一味姑息。当藩镇节帅死后，就派宦官到藩镇去察看军情动向，军中将领倾向于谁，就让谁接任。而那些作为使者的宦官，又常常私受贿赂，等回到朝廷复命时，就百般为其人说好话，唐德宗也听之任之，便正式任命其人为节帅。因此，当时藩镇节帅的任命，没有一个是出自朝廷本意的。"所以，杜黄裳进一步指出，藩镇越来越跋扈，就是唐德宗姑息政策的结果，于是向唐宪宗进策："如果陛下一定想要振举朝纲，必须以法度来制裁违抗朝命的藩镇，则天下方可得到治理。"这番议论，颇合唐宪宗心意，不但坚定了平定刘辟之乱的决心，而且，此后平定夏绥杨惠琳、镇海李锜、淮西吴元济等藩镇叛乱，也都是杜黄裳这一方略启发导引的结果。

二、李绛以文道屈敌之兵

魏博节度使田承嗣，原是安禄山手下大将，在安禄山父子及史思明父子的叛乱活动被唐军镇压后，无奈降于朝廷，但仍占据着魏、博等州，并拥有自己的武装。所以，几十年来，名义上是归顺朝廷，实际上为独立王国，父死子继，自命官吏，朝廷无权过问，这种状况直至唐宪宗时。元和七年（812 年）

① 《旧唐书》卷一四七《杜黄裳传》，第 3974 页。

八月，魏博节度使田季安病危，其夫人元氏出面召集诸将扶立自己的小儿子田怀谏为魏博节度副大使，掌握军务。但他仅有十一岁，还是个儿童，怎能处理军务。因此，在田季安死后，便让田兴代理军务。田兴在魏博享有较高威望，为人勇敢，性格谦恭，而且喜欢读书，这一点，与绝大部分藩镇将领有别。田季安活着时，淫虐成性，杀人无度，荒废军政，田兴曾对此提出过批评意见，但田季安认为他是在收买人心，十分嫉恨，多次要下毒手。田兴便假装患了不治之症，示意无所作为，这才躲过大难。而元氏等人自立田怀谏这个小孩子为副大使，正是父死子继在独立王国中的一贯做法，目的是要通过朝廷的正式任命，将副转正，以接替田季安为节度使。名义上是等待朝廷正式任命的合法手续，实际上是事先防止朝廷任命他人。朝廷早已看清了他们的用心，因此在田季安死后，唐宪宗即召见宰相商议如何处理魏博问题。

此前，唐宪宗以武力削藩，对西川、夏绥、镇海三镇用兵取得胜利，但对成德镇用兵却遭失败。所以，在对待解决魏博的方法上，宰相当中有两种意见。一种意见认为应根据实际情况采用文道，即使用和平手段来加以解决；一种意见认为还是采取武道，即派遣大军前往征剿。

宰相李吉甫持后一种意见，请求起兵讨伐。宰相李绛持前一种意见，认为对魏博不必用兵，就可以使它归顺朝廷。在李吉甫大量分析了不可不用兵的理由之后，唐宪宗就说："我的意见也是这样。"李绛又说："我观察黄河南北那些飞扬跋扈的藩镇节帅，都是把军队分散交给手下好几位将领掌管，不让军事大权集中于任何一个将领的手中。这是害怕军权一旦集中在哪一个将领的手中，有了机会，就会背叛自己。因此，他手下的将领，都处于势均力敌的状态下，谁也不能超过谁。即使各位将领想要联合起来，由于不能齐心一致，阴谋总会泄漏的。

即使其中有哪个要单独搞兵变，也因兵力薄弱，一定不能成功。再加上对告发者悬赏重金，对背叛者惩罚残酷，所以各将领之间互相防备，互相猜忌，谁也不敢首先起事。那些飞扬跋扈的藩镇，就是用这种手段作为长期统治的策略。但是，我私下思考，如果是由一位严明的节帅来控制部下诸将，那还大致上可以保住自己的地位。而如今魏博的田怀谏，只是个乳臭未干的毛孩子，处理不了军政大事，其大权必然要归于某一个人。这样一来，各位将领之间的权力失去平衡，必然引起愤怒和怨恨，谁也不服从谁。那么，以前分散兵权的策略，正是今天引起祸乱的根由。总有一天，田氏家族不是全部被杀，横尸街头，就是都成为朝廷的俘虏，何必由朝廷出兵征讨呢？魏博诸将中必有一人起而取代节帅之位，而邻镇节帅的继承方法，也是父死子继，他们对魏博镇破坏这一传统，一定会认为威胁到了自己，必会有所行动。而魏博新崛起的节帅，不依靠朝廷援助就站不住脚，必为邻镇所灭。所以，我认为不必用兵，就可以坐等魏博主动归顺朝廷。为今之计，朝廷可按兵不动，养精蓄锐，严令各道节帅准备兵马，等待进军的命令，并让魏博知道这个消息。要不了几个月，魏博镇内部必有人自愿效命于朝廷。到了那时，只要朝廷反应快捷，抓住机会，不吝惜官爵和俸禄以犒赏那个效命于朝廷的人。邻近藩镇的节帅得知此事，必会担忧自己部下将领中有人学魏博新起用节帅的样子，以图领取朝廷的犒赏。他们必定都恐慌起来，争着向朝廷表示恭顺。这就是兵法上所说的‘不战而屈人之兵’的最高军事原则。”唐宪宗说：“很好。”

过了几天，宰相李吉甫在延英殿又向唐宪宗陈述用兵征讨魏博的好处，而且说军需粮草都已准备好了。唐宪宗就此再召宰相李绛来商议。李绛说：“军队不可轻易动用。前年征讨成德镇的王承宗时，由四面八方调集二十万兵马，又派出驻防京城的左右神策军前往增援，弄得天下骚动不安，军费消耗七百多万缗，却一事无成，成为笑柄。至今，创伤未恢复，人人怕征战，如果再下令驱赶他们上战场，我担心不但无效果，甚或发生其他变故。况且，对魏博不必用兵的事态，已是明摆着的，希望陛下不要再怀疑。”唐宪宗这才最后下了决心，起身拍案说：“我不用兵的决心已定。”李绛说：“陛下虽有这话，只怕退朝之后，还会有迷惑圣上明断的人。”唐宪宗脸色严肃、声音严厉地说：“我已下定决心，谁能迷惑！”李绛于是叩头庆贺说：“这是国家的幸福。”

不久，魏博镇内部的变化，正如李绛所预料的。原来，田怀谏幼小软弱，军政大权由家僮蒋士则代理，而蒋士则屡屡以个人好恶调任军中将领，将领们都很愤怒。再加上朝廷的正式任命久久不下来，军中人情不安。有一天，田兴在早晨进入军府后，几千士兵发生骚动，大叫大嚷，团团围住田兴后叩拜，请求他担当节度留后。田兴惊得扑倒在地，士兵们还是不散去。过了好长时间，田兴估计自己不答应就不能脱身，便对士兵们说：“你们肯听我的话吗？”都说：“唯命是从。”田兴说：“不要伤害副大使田怀谏，遵守朝廷法令，向朝廷申报土地户口，请朝廷任命官吏。这样做之后，我才可以为节度留后。”都大声说：“好的。”田兴于是杀了蒋士则等十余人，把田怀谏从内衙迁移到外宅居住。

元和七年（812 年）十月，朝廷派驻魏博镇的监军把这里发生的情况报告给朝廷，唐宪宗紧急召见宰相，兴奋地对李绛说：“您的预见与实际情况相合，准确得简直像作为凭证使用的符契一样。”李吉甫说：“请派宦官为使者前往魏博慰问安抚，以观其实际变化。”李绛说：“不可。田兴把魏博之地及兵马拱手送给朝廷，坐等朝廷正式任命为节度使。如果不乘着这个时机诚恳地抚慰接纳，赐以大恩大惠，而一定要陛下派出的使者到达那里，再带上魏博将士写的请求任命田兴为节度使的表章回朝，然后由朝廷授予，这样一来，任命的惠德是出自下面，而非出自上面。那么，在田兴看来，下面的将士为重，上面的朝廷为轻，到那时对朝廷感恩戴德之心，就不是今天所能比的了。机会一失，悔之莫及!”但是，掌管禁军的大宦官梁守谦，向来与李吉甫的关系好，便支持李吉甫的意见，说："按照惯例，都要派遣使者宣旨慰劳，现在独独对魏博不这样做，恐怕那里更不能明白皇上的恩意。”于是，唐宪宗派宦官张忠顺前往魏博宣旨慰问，打算等他回来后再商议处理意见。

过后，李绛又对唐宪宗说：“朝廷的恩威得失，在此一举，时机可贵，怎可放弃？其间的利害关系，非常明白，希望陛下不要迟疑。算来，张忠顺的行程，应该才过陕州，恳请明天一早，即下圣旨授予田兴节度使之职，还来得及。”唐宪宗打算暂时授予节度留后，李绛说：“田兴恭顺成这个样子，如不是特别的恩惠，就无法使他感激得不得了。”唐宪宗终于听从了。第二天就降下诏书，任命田兴为魏博节度使。张忠顺还未返回，皇上的任命诏书已经送达魏博。田兴接到诏书，感恩流涕，而将士们更是欢欣鼓舞。

李绛又对唐宪宗说：“魏博五十年没有沾溉皇恩，如今一朝就献上六州之地归顺朝廷，不仅挖掉了河北地区的核心，而且倾覆了叛乱之地的巢穴，如果没有喜出望外的重赏，就不能安慰那里的将士之心，也不能使四邻藩镇倾慕。请拨内库钱一百五十万缗赏赐魏博。”亲信宦官认为：“给的太多，以后再有攀比这种情况的，将怎样给呢?”唐宪宗把这个意思告诉李绛，李绛说：“田兴不贪拥有独立土地的利益，不顾四邻藩镇出兵侵犯的后患，归顺朝廷，陛下为什么要可惜一点小费而遗失国家大计，不用来收取人心呢？钱用完了，还可以再得，机会一丢，不可再追。假使国家派十五万兵马去攻打魏、博、贝、卫、澶、相这六个州，用一年时间来克复，其费用哪里只是一百五十万缗所能够的呀？”唐宪宗十分高兴地说：“我之所以缩衣节食、省吃俭用、储蓄钱财、聚集财物，正是为了要平定四方。不然的话，白白贮藏在国库里干什么？”

元和七年（812 年）十一月，唐宪宗派遣裴度到魏博宣旨慰问，将一百五十万缗钱赏给将士，魏、博等六州百姓免除徭役一年。将士受到赏赐，欢呼之声，如同响雷。成德、兖郓等藩镇的使者看着这种情景，感叹道：“对抗朝廷的，究竟得到什么好处呀？”裴度给田兴讲解君臣上下的义理，田兴仔细倾听，整天不倦，接待裴度的礼仪很隆重，请裴度前往所辖州县，宣布圣旨。田兴又奏请朝廷，所辖地区缺官九十员，请有关部门任命派遣，遵行朝廷法令，给国家输送赋税。

宰相李绛的和平政策，不仅使魏博归顺朝廷，也使邻近藩镇震惊不小，大大提高了中央朝廷的权威。

三、裴度亲临前线俘敌之酋

唐朝自安史之乱后，国家税收主要依靠东南地区，而要将征收的财物输送到京城长安，则要经过淮西地区。所以，淮西一带成为咽喉要道，一旦出了问题，就等于切断了唐朝的运输生命线。故而朝廷对这一地区特别重视，如唐德宗时，淮西节度使李希烈反叛，朝廷耗时数年，花费巨额财力人力，不惜余力地将其消灭。此后二十余年，几任淮西节度使与朝廷尚能相安无事。但到了唐宪宗元和九年（814 年）以后，情况则发生了急遽变化。这年八月，节度使吴少阳病死，其长子吴元济不发丧，仅以其父身患疾病向朝廷作虚假报告，而后自立为节度留后，专断军务，准备与朝廷对抗。他还对那些劝说归顺朝廷的部下不是残杀，就是囚禁。这时，先前入京奏事而滞留长安的淮西幕府判官杨元卿，将淮西的一切情况告诉了宰相李吉甫，并献上怎样消灭吴元济的计策。于是，李吉甫向唐宪宗建议用武道，即用武力征伐的手段解决淮西问题。他说："淮西地区和河北地区不同，他的四周没有同党声援，而朝廷却要常派几十万大军驻守，军费开支不堪重负。如果朝廷不趁此机会予以平定，以后就更难办了。"但另一宰相张弘靖却建议先派使者去淮西探个虚实，再作决定。唐宪宗同意了。可是，吴元济不仅不迎接朝廷使者，反而派兵四处抢掠，震惊关东。使者不能入境，半途而回。于是，唐宪宗下令忠武节度使李光颜和申光蔡、招抚使严绶督领大军进讨。

元和九年（814 年）十月，宰相李吉甫病逝，唐宪宗将平定淮西叛乱的军务交由宰相武元衡处理。到了元和十年（815 年）的春夏之交，在朝廷各路大军的围剿下，吴元济连吃败仗，这才感到形势的严峻，只得派人向成德军节度使王承宗、淄青节度使李师道求救。王承宗和李师道表面上支持朝廷讨伐淮西，暗中却支持吴元济。他们派人放火烧了河阴转运院的军需物资，企图以此阻止进军讨伐。他们又派使者进京，要求赦免吴元济，而且言辞傲慢，受到武元衡的严厉斥责。使者回去对王承宗和李师道讲："皇上之所以执意派兵讨伐淮西，是由于宰相武元衡的全力支持。如果派人刺杀了他，那么，其他宰相就不会再坚持用兵了，还可能劝说皇上罢兵，这样，就可达到赦免吴元济的目的。"他们一听，面露狰狞，连声大叫："好，好！"即刻物色好刺客，派往长安城潜伏。

元和十年（815 年）六月三日黎明时分，武元衡乘马上朝，刚走出静安坊的家门不远，只见几个黑影从昏暗之中闪出，扑灭武元衡随从人员手中拿着的照明灯火，前导骑士大喊："有刺客！"躲藏在旁边的另外几个黑影立即放箭，把喊话的骑士射下马。又有几个刺客扑上前来，杀死杀伤武元衡的随从家人，并把武元衡刺死后砍头离去。附近巡逻人员听见动静，都手持火把前来察看，只见武元衡已死在血泊中，便放声大喊："贼人刺死了宰相！"这时天光渐亮，街道上已有商贩行人和上朝的官吏，相互传呼捉拿刺客，喊声此起彼伏，绵延十多里路，直达朝堂。朝廷上下，一时震惊。

御史中丞裴度也是唐宪宗用兵的积极支持者，曾于五月前往前线慰劳平叛军队，观察用兵形势。回朝向唐宪宗报告，说淮西一定可以平定，并极力赞扬忠武节度使李光颜有勇有谋，深明大义，一定能够成功。三天之后，李光颜率军在洄曲打败吴元济的捷报传到京城，唐宪宗对裴度善于知人大为赞叹。所以，裴度尽管不是宰相，而这次的刺杀行动，却也将他捎带上了。在刺杀武元衡的同时，当裴度乘马刚走出通化坊的家门不远，刺客即对裴度连砍三刀，头部受伤，摔落马下。裴度可谓命大，那天刚好戴着很厚的毡帽，起了保护作用，所以伤势不重。他爬起来后，快快地跑了几步，然后倒在路旁的水沟里，刺客以为裴度已死，再加上裴度的随从家仆王义大声喊人来救，刺客便纷纷逃离。

这次刺杀行动，引起一些朝臣的巨大恐慌，提议将裴度撤职惩办，以安王承宗、李师道等人之心。对此，唐宪宗十分恼火，愤怒地说："若罢［裴］度官，是奸计得行，朝纲何以振举？吾用［裴］度一人，足以破此二贼！"[①] 才隔了三天，唐宪宗就任命裴度为宰相。当时由于藩镇气焰嚣张，接连叛乱，又加上刚发生了刺杀血案，朝野人心，一片惊恐。等到任命裴度为相的诏书下达后，京城内外，人心渐定，认为必能铲除叛乱势力。

裴度并未被暗杀所吓倒，在养好伤后，对唐宪宗说："淮西叛镇，就像人的腹心中的毒瘤，不得不除。而且朝廷已经出

① 《旧唐书》卷一〇七《裴度传》，第4415页。

兵讨伐河北河南那些藩镇割据势力，都在眼巴巴地看着这场战争的胜负。因此，决不可中止。”唐宪宗对裴度给予完全支持，把讨伐淮西的兵权完全交给裴度。从此，讨伐淮西之战进入了一个新的阶段。

裴度提议由自己亲往淮西督战，并对唐宪宗说，吴元济已到了穷困的地步，只是由于我军各个将领不齐心协力追击敌军，所以还没有投降。如果我亲临前线督战，诸将唯恐我夺了他们眼看到手的战功，必然争先破敌。唐宪宗十分高兴，立即任命裴度以宰相的身份兼任淮西宣慰招讨处置使，成为军中的主帅。裴度在辞别时，立下庄严的誓言：“主忧臣辱，义在必死。贼灭，则朝天有日；贼在，则归阙无期。”[①] 表示了要与淮西叛贼血战到底的决心。唐宪宗感动得流下了热泪。

裴度到达前线后，罢免了诸道军中的监军。这些监军都由宦官充任，握有军队的指挥权。打胜仗时，他们就抢先献捷报功；打败仗时，他们就百般指责将士。罢除监军后，使军队的指挥权完全归属将帅，使他们在战场上能够自由地发挥才智，取得成功！裴度支持和批准了唐邓节度使李愬偷袭蔡州的作战计划。蔡州是淮西的巢穴，而吴元济的精锐部队完全集中在洄曲一带防守，守卫蔡州城的兵将，都是些老弱病残。叛军腹心空虚，是加以利用的绝好战机。因此，裴度认为：“兵非出奇不胜，偷袭蔡州，是最佳作战方案。”

元和十二年（817 年）十月，李愬率领三支军队九千人马，顶着凛冽的寒风，冒着纷飞的大雪，在黑茫茫的夜里，悄悄地急速前进。当天还没有亮的时候，李愬的军队就已接近了蔡州城。吴元济根本没有料到朝廷的军队会冒雪乘夜到来，所以，蔡州城没有任何戒备，叛军都在安心地睡大觉。当鸡鸣雪

① 《旧唐书》卷一〇七《裴度传》，第 4415 页。

止时，李愬的先头部队已由外城进内城，并到了吴元济的外宅。有人禀报说："官军已经到了。"吴元济却睁着惺忪的眼睛笑着说："这不过是俘虏囚犯在行窃，等天亮把他们全杀了。"又有人禀报说："城已陷落!"吴元济还不相信。直至他起床时，听到李愬军的号令，才惊慌失措，率领亲信登上牙城拒战。李愬派兵进攻牙城，吴元济无路可走，只得在城上乞求投降。李愬把吴元济关进囚车，并禀告裴度，偷袭蔡州城的军事行动获得了完全成功。裴度又乘胜扩大战果，派李光颜率兵招降了淮西所属的申州和光州。至此，平息淮西叛乱的战役取得全部胜利。

淮西叛镇平息后，朝廷声威大震。声援淮西的成德镇王承宗，听到这个意外的消息，吓得魂飞胆战。裴度趁势派人前去逼胁，令其归顺朝廷，他只得低头听命。另一个声援淮西的淄青镇李师道，更忧形于色，不知如何是好，曾上表请求归顺朝廷，但又反复无常，继续抗拒。唐宪宗依照裴度建议，派兵讨伐。李师道兵败被杀后，所占据的淄青十二州完全归顺朝廷，结束了自唐代宗以来六十年的割据跋扈、自任官吏、不向朝廷交纳赋税的局面。

四、李德裕坐镇后方取敌之首

唐文宗时，昭义节度使刘从谏屡次上表给朝廷，揭露掌握禁军的大宦官仇士良的罪恶，仇士良也攻击刘从谏干预朝政，居心叵测。唐武宗即位后，刘从谏把一匹九尺高的良马献给唐武宗，却没有被接受。刘从谏认为这是仇士良捣的鬼，一怒之下，杀了那匹马，因此与朝廷相互猜疑仇视。于是，刘从谏召集亡命之徒，修缮兵器，整治军械，搞得四邻藩镇都紧张起来，悄悄做防守准备。刘从谏私自收牧马费、商旅税，一年可得钱五万缗。又私自卖铁、煮盐，一年也可得钱几万缗。刘从谏给大商人委以军职，可使他们畅通无阻地前往各地贩货交易，从中取利。

唐武宗会昌三年（843年）四月，刘从谏生病后，对妻子裴氏说："我效忠朝廷，朝廷不理会我，四邻藩镇不容我。我死后，其他人主持昭义军镇的事务，我们刘家肯定要被灭了！"便与幕僚张谷、陈扬庭谋划着效法河北地区的藩镇搞独立，以武力对抗朝廷。于是，让侄子刘稹担任都知兵马使，实际是安排继承人。

不久，刘从谏病死，刘稹秘不发丧，封锁刘从谏死亡的消息。部下有人给刘稹出主意："要不了一百天，任命您为节度使的诏书就会到来。只需严密监视监军的行动，赠送丰厚的财物给皇帝派来的使者，四境不要出兵，城中暗做准备，就可以了。"刘稹又逼迫监军崔士康上表给朝廷，奏说刘从谏有病，请求任命其子刘稹为节度留后。朝廷答复说："恐怕刘从谏的病一时难以痊愈，最好前往东都洛阳静养，等到病稍好以后，当另有任命。可派刘稹来京朝见，一定授予优厚的官爵。"刘稹对朝廷的答复很不满意，拒绝入京朝见，其独霸昭义镇的野心也就暴露了。

唐武宗为解决昭义镇的问题，专门召集宰相共谋对策。宰相中的多数认为，回纥进犯的残余势力还没有消灭，在边境仍需设兵警备，如果再要出兵讨伐昭义镇，恐怕国家财力难以支持，不如让刘稹代理主持军务。朝中的谏官也赞成这个主张，只有宰相李德裕的意见与众不同。他说："昭义镇处于国家的心腹之地，昭义镇的将士素称忠义，曾助朝廷讨伐叛贼。过去，朝廷多用儒臣为昭义节度使，如李抱真成立昭义军，唐德宗还不允许李抱真的儿子李缄继任昭义节度使，而是让他护送其父的灵柩回到东都洛阳。到了敬宗，由于不问国事，宰相又没有主见，而在节度使刘悟死后，就沿用陋习，任命他的儿子刘从谏袭任昭义节度使。刘从谏一向飞扬跋扈，难以制服，曾多次上表威胁朝廷，而今临死之时，又擅自把兵权授予刘稹。如果朝廷因袭过去惯例，授予他为留后，那么，各地的藩镇谁不想效仿，天子的威令再也行不通了。”

李德裕认为对昭义镇不能姑息养奸，必须采取武道，即派兵征讨。唐武宗很同意，但又问：“您有什么方法制服他，能不能取得胜利?”李德裕说：“刘稹依靠的是范阳、成德、魏博这三个处于河北地区的藩镇，如果使成德和魏博不与他勾结，他就没什么依仗了。假如朝廷派遣一名有威望的重臣去成德节度使王元逵、魏博节度使何弘敬那里，传达朝廷的旨意，说明自安史之乱以来，先朝皇帝都允许他们世袭，已成惯例，与昭义镇的情况完全不同。现在朝廷准备出兵讨伐昭义镇，但不打算派军队攻打昭义镇所辖邢州、洺州、磁州，决定委派成德、魏博负责攻打。并向将士传达皇帝旨意，在成德、魏博平定昭义镇叛乱后，一定给予优厚的官爵和赏赐。如果成德、魏博听命，不从旁边阻挠官军行动，那么，刘稹一定能够活捉了。”唐武宗对此谋略十分欣赏，决定用兵讨伐刘稹。朝中大臣再有人劝说不要用兵，唐武宗已经不听了。

唐武宗命李德裕起草给成德节度使王元逵和魏博节度使何弘敬的诏书。李德裕在诏书中特别强调：“昭义镇一镇与你们两镇的事体不同，不要因为担心自己的子孙，而与刘稹相依为命。只要在讨伐刘稹的战场上立功，朝廷必然赐福于你们的子孙。”

唐武宗临朝时看到李德裕草拟的诏书，大加赞赏，认为是一份语言简要、切中要害的诏书，说：“应当这样直言相告才是。”

王元逵和何弘敬接到皇帝的诏书以后，心情是复杂的。既感到朝廷征讨昭义镇对自己有威胁，又感到朝廷的厚待很有甜头。经过反复考虑、来回斟酌，终于听从皇帝诏令。

李德裕的策略取得初步成功之后，于同年五月，即开始布置征讨昭义镇的兵力。随之，唐武宗下令，剥夺刘从谏及刘稹的官爵，并以王元逵为昭义镇北面招讨使，以何弘敬为南面招讨使。

会昌三年（843 年）六月，唐武宗命令王元逵、李彦佐、刘沔、王茂元、何弘敬在七月中旬一齐率兵进发，凡遇刘稹求降，谁也不得接受。七月的一天，李德裕对唐武宗说："我观察过去在河北地区用兵时，派兵马出征的那些藩镇，看到了兵马一走出自己的辖境就由朝廷发军饷这条规定有利可图，便暗中与敌军相通，借取敌境的一县一栅后据守，自以为有功，便按兵不动，白食粮饷，拖延时日。现在请赐各军诏书以讲明各自的进攻方向和任务，命令王元逵攻取邢州城，何弘敬攻取洺州城，王茂元攻取泽州城，李彦佐、刘沔攻取潞州城，不得攻取县城。"唐武宗听从了。但晋绛行营节度使李彦佐自从徐州发兵后，行进很慢，而且又请求在绛州休养兵马。李德裕对唐武宗说："李彦佐逗留观望，实在没有平叛诚意，他所请求的都不要准许，应当赐给诏书切实予以责备，命令他进军翼城。"唐武宗表示同意。李德裕因此请求任命天德防御使石雄为晋绛行营节度副使，做李彦佐的副手。等石雄一到达军中上任，就命令他代替李彦佐。

至七月底，王元逵率军在尧山打败了刘稹的军队。李德裕为表彰王元逵的战功，激励诸镇，请求授予王元逵名誉宰相。王元逵得到嘉奖后，进攻的势头更加勇猛。同年八月，王元逵的前锋部队已进入昭义镇所辖邢州境内。但何弘敬还未出兵。王元逵屡上密表，告发何弘敬心怀两端，骑墙观望。

李德裕为促使魏博节度使何弘敬尽快向昭义镇进攻，请求唐武宗给何弘敬下一道诏书，说河阳、河东两路人马因有高山峻岭之险，不能进军。现在命令王宰率领忠武军经过魏博辖境，直接进攻昭义镇所辖磁州。这样一来，魏博的何弘敬必然恐惧，一定急速出兵。果然，何弘敬害怕王宰率忠武军进入魏博境内，使自己军中发生变化，于是决定尽快出兵，并上奏朝廷，说自己的军队已进入昭义镇境内，渡过漳水，正向磁州挺进。九月，何弘敬上奏朝廷，说自己率领的军队已经占领昭义镇所辖肥乡和平恩两地，杀伤很多叛军。

石雄在代替李彦佐的第二天，立即率兵越过翼城县境内的乌岭山，攻下敌军五座营寨，斩杀活捉一千多人。唐武宗得到石雄的捷报，非常高兴，临朝对宰相说："石雄真是一位良将!"下诏赏赐许多帛，石雄将帛都挂在军营门前，自己依照士兵之例先拿一匹，其余的全部分给将士，所以士兵们乐意为他冲锋陷阵。

刘稹本来是把成德、魏博作为反叛朝廷的后盾，万万没有想到经李德裕的策动，成德和魏博现在竟调转兵马向自己进攻，局势已非常危险。

会昌四年（844年）闰七月，刘稹的心腹大将高文端见大势已去，便抛弃刘稹投降朝廷。这一重大变化，无疑对刘稹是个沉重打击。但更为重要的是高文端投降后为李德裕提供了非常有价值的内部情报和作战方略。高文端说叛军缺乏粮食，叫妇女到田里揉搓还未收获的谷穗捣碎供士兵吃。李德裕便向高文端询问平叛之策，高文端认为："官军现在直接进攻泽州，恐怕是士兵多遭杀伤，而泽州城还未必能攻下。泽州有叛军大约一万五千人，常常分出一半多士兵潜伏在山谷，等官军攻城疲惫不堪之时，就伺机从四面八方聚集而来援救泽州城，围城的官军必会失利。现在请下令忠武军过乾河安营扎寨，而且一个接一个建，使营寨绵延，环绕泽州城，每天派遣大军布阵于营寨之外，以便抵抗叛军的救援部队。城中叛军看见快要把城包围了，必然出来大战。等他们战败逃跑时，然后乘胜以攻取。”李德裕立即奏请唐武宗，下令指示前线忠武军主帅王宰照此策略行事。高文端又献策说：“固镇寨处于四面悬崖之上，地势险要，不能攻取。但是，寨中无饮用水，要依靠一条涧水，距寨子大约有一里多路。应当命令王逢进兵逼近那条涧水，断绝他们的水道，不出三天，叛军一定放弃营寨逃走，官军就可以追击。前进十五里路处，即到叛军的青龙寨，也是四面悬崖，水在寨外，可以用前面的战法攻取。在它的东面十五里，就是沁州城。”李德裕也及时奏请唐武宗，下令指示前线河东军主帅王逢依计而行。八月，昭义镇叛镇已成末日之势，成德和魏博的攻势更加凌厉，不久便占领了邢、洺、磁三州。三州的归降，使刘稹大为惊恐，李德裕预料叛军内部将会更加不稳。果真如此，刘稹的部将郭谊、王协二人密谋，决定杀掉刘稹，以此向朝廷赎罪。密谋的第二天，刘稹便在酒酣之中身首异地。至此，在唐武宗的全力支持下，李德裕坐镇长安，指挥若定，遥控前线，协调作战，取得平叛的最终胜利。

唐武宗会昌四年（844 年）正月，在讨伐刘稹之战正取得节节胜利的时候，太原府城却发生了杨弁叛乱。杨弁派人与刘稹结为兄弟，互张声势，从而使朝廷平叛的局势突然恶化。

太原监军吕义忠将情况报告给朝廷，在朝中掀起轩然大波，议论纷纭。有的大臣主张对昭义镇和太原两地都应停止用兵，还有的主张采取招降政策。宰相李德裕冷静地分析了出现的复杂形势，认为杨弁所在太原的兵力很弱，大部分太原士兵都在外边讨伐刘稹，真正跟随杨弁在太原叛乱的也不过千余人，而且周围各州镇一定不会响应杨弁，用不了多长时间，就可以剪灭了。

唐武宗完全同意李德裕的估计。于是下令王逢率领讨伐刘稹的河东兵全部留守榆社，另外派遣其他军镇的一千名骑兵、三千名步兵讨伐杨弁，又下令附近军营抽一定的兵力接应声援。

唐武宗为慎重起见，又特派宦官马元实到太原实地观察一下杨弁兵力的强弱。杨弁也耍起了小手腕，对马元实给予极为隆重、非常热情的接待，大摆酒宴，亲自与马元实酣饮三日，并奉送重金礼物。马元实从太原返回长安后，就处处替杨弁说话。

唐武宗对马元实去太原考察很重视，命马元实到宰相那里报告太原的实际情况。马元实当着宰相的面虚张声势地说："你们应当早日任命杨弁为节度使。"宰相李德裕不明其故，忙问："为什么？"马元实大肆吹嘘杨弁的实力，说："从河东节度使的衙门一直到柳子列之间，排列十五里的士兵，都穿着金光耀眼的铠甲，这么多精兵，如何能够打败他？"李德裕是非常精明的，觉得马元实的话很奇怪，就问他："军库里的铠甲全部运到了前线军营，杨弁怎能一下子有这么多的士兵？"马元实又编出一套谎话："太原人生性强悍，都可以当兵，这些兵是杨弁招募来的。"李德裕仍然不相信，又问："招募士兵需要钱财，杨弁是从哪里弄到钱财呢？"

在李德裕的步步追问下，马元实的谎话再也编不下去了，只得闭口不言。他虽然绞尽脑汁为杨弁辩护，想阻止朝廷讨伐杨弁，但是反而为李德裕讨伐杨弁提供了更有力的口实。李德裕说："杨弁既有十五里金光铠甲，仅此一点，就必须杀掉这个叛贼。"于是，向唐武宗进策说："杨弁这个小贼，决不可饶恕。如果因国家财力不足，宁可先放下刘稹，也要先除掉杨弁。"

李德裕的估计十分准确，没用多长时间，留守榆社的河东兵听说朝廷命令其他军镇之兵攻取太原，恐怕留在太原的妻子儿女被他们连同杨弁叛军一起杀伤，就抢先拥着监军吕义忠急速攻占了太原，活捉了杨弁，从而平息了太原叛乱。

第四节　威抚兼施靖边

一、联姻和亲以求边地安宁

秦末汉初，正值中原大地战事频繁、四分五裂之际，而在遥远的北方，匈奴单于冒顿则横扫大漠南北，统一各部，迅速崛起为一个空前强大的奴隶制国家。在此基础上，匈奴的武装力量很快发展到三十多万人。因此，不仅夺取了秦朝大将蒙恬经营守卫多年的河套地区，而且不断地向南扩张侵扰。楚汉战争结束之后，汉高祖刘邦为了阻止匈奴南下，把韩王信迁到了马邑。但这种防范措施不仅没起作用，韩王信反而投降了匈奴，还引导匈奴大军侵扰汉境。这样一来，匈奴的威胁更显得严重。于是，刘邦准备来硬的一手，不断地派人去打探匈奴的虚实。冒顿单于为了诱使汉军出击，把匈奴精兵全都隐蔽起来，让打探敌情的侦察人员看到的是老弱残兵。因此，刘邦派遣的十几批侦察人员，都报告说可以出击匈奴。刘邦仍不放心，又派刘敬作为使臣前去匈奴访问，实际上是去验证先前侦察到的敌情是否属实。刘敬回朝后向刘邦汇报说：“我到匈奴之后，确实看到的只是老弱有病的兵士。不过，根据常理，两国相互攻打时，应该展示给人的是自己的精锐军队。然而，如今匈奴却展示给人的是老弱之兵，肯定埋伏了奇兵以争取胜利。所以，我以为不可出击匈奴。”这时，大军已经出发，刘邦就未仔细考虑刘敬的意见，便率领三十二万人马继续前进，征伐匈奴。

这时候的北方边境，正是天寒地冻，又遇上大雪纷飞，将士的手指被冻掉的十有二三。冒顿派一些老弱残兵与汉军交战，故意战败后退，诱使汉军深入。刘邦便率领汉军先头部队快速抵达平城，随后即被冒顿埋伏下的四十万大军包围在平城东南的白登山上，一连七天，突围不成，粮饷用尽，外援不到。在此危急时刻，陈平献上一计，让刘邦派人给冒顿单于的阏氏（皇后）赠送丰厚的礼物，并对她说汉朝皇帝已经遣人到京城去迎接绝色美女准备送给冒顿单于求和。阏氏怕冒顿单于得到汉人美女使自己失宠，便劝冒顿说：“汉、匈两国君主不应相逼太过分。现在即使夺得汉朝之地，您也无法长久居住。何况，汉朝皇帝还有神灵保佑，不可能消灭。请您认真考虑。”这时，冒顿原先与韩王信的部将王黄、赵利相互约定会师后进攻汉军，时间已过而未到来，便怀疑情况有变，也就不敢单方面贸然进攻。于是，冒顿采纳了阏氏的意见，把包围圈放开一角，让汉军撤走。陈平教汉军将士各持强弓，搭上双箭，紧拉弓弦，面向外排列成环行军阵而行进。刘邦率逃兵撤出平城，才与大军会合，而冒顿看到战机已失，也只得退兵。

这次战役，发生在汉高祖七年（前 200 年），使得以刘邦、萧何为首的汉君臣清楚地认识到匈奴势力的强大而感到朝廷还不能以威猛之力攻取。于是，经过权衡利害，对匈奴制定了一条和亲送礼、约为兄弟的抚柔政策。

刘邦死后，汉惠帝继位，却由吕后主政。匈奴单于冒顿很藐视女人当权，便写信给吕后，颇有侮辱不敬之词。吕后大怒，便召集文武大臣商议此事。上将军樊哙大叫：“请让我带领十万大军，去把匈奴横扫一遍。”中郎将季布反驳道：“樊哙该斩首！从前刘邦率领四十万大军征伐匈奴，尚且被围困于平城之地。现在，樊哙怎可能只用十万人马就横扫匈奴呢？这明明犯了当面欺君之罪！况且，正因秦朝忙着征伐匈奴，陈胜等人才乘机起事，至今，当年战乱的创伤还没有完全恢复。而樊哙却又当面阿谀讨好，这简直是想搅乱天下啊！”而当朝丞相陈平等经历平城之役，记忆犹新，故不支持出兵的动议，吕后只得强忍怒气，赠送冒顿车马，以求边境安逸。此后，吕后一朝不再言用兵于匈奴之事。

汉文帝、汉景帝时期，继续执行刘邦、吕后的对外政策，通过和亲、联姻、赠送礼物等方法来与匈奴谈和。这种怀柔策略，虽然不能阻止匈奴在边境上小打小闹，但大规模地南下入侵掠夺还是较少的，使汉朝廷可避免因大量用兵于边境而影响休养生息、发展生产这一国内政策的顺利执行。不过，这一时期，也偶尔采取积极的防范措施。如汉文帝前元三年（前177年），匈奴右贤王破坏与汉朝廷的和约，率领骑兵侵人塞内，占据河套地区。汉文帝命令丞相灌婴统领八万人马反击，将匈奴骑兵赶跑。接着，文帝又加强京城长安的驻军，以保卫京城地区。而汉景帝还进一步采用拉拢手段，把那些归降的匈奴贵族封为列侯，给予荣华富贵，并让汉人与匈奴人互通关市贸易，积极促进边境地区的安定。

二、动武用抚以求边界安静

汉初六十年间，朝廷对内贯彻与民休息的政策，对外执行不发动边境战争的策略，使生产得以迅速发展，国家的经济实力与军事实力都日益强盛。在这种形势下，汉对匈奴长期处于被动地位的局面也开始发生变化。不过，直至汉武帝初期，还是执行以联姻为主要手段的柔抚政策与匈奴维持关系。但是，匈奴一边与汉议和，却一边背信弃义，不断地大肆侵扰，严重威胁着汉政权的稳固。于是，汉武帝决定变被动为主动，积极出兵反击匈奴，尤其经过几次大规模地远征，深入匈奴境内上千里，从而歼灭了匈奴主力。匈奴由此日趋衰弱，逼使单于不得不向西远远地迁移。但是，在对匈奴的战争中，汉朝廷几十年积攒起来的财富也被消耗殆尽，人力物力，损失惨重。到了汉武帝晚年，已是民不聊生，怨声载道。汉武帝不得不调整政策，下了一道著名的停止边境战争的诏书，挽救了当时的政治局势。但这项政策在以后执行得好与否，仍关系着汉朝廷的政治命运。

汉宣帝元康二年（前 64 年），匈奴人认为西域车师国土地肥沃，草木茂盛，位置接近匈奴，汉朝如果占据时间长了，田地开辟得越多，储存的粮食也越多，对匈奴很不利。于是，不断派兵攻击汉朝的屯田军队。而汉军寡不敌众，紧急求援。郑吉率领蕖犁的屯田军七千人赴援，也陷入匈奴的包围。郑吉上书向朝廷求救，说："车师国离渠犁国一千余里，在渠犁的汉朝屯田军很少，难以解除车师的危急，请求增加屯田军人数。"

宣帝与后将军赵充国等大臣商议，打算乘匈奴内部空虚时，出兵攻击它的西部，牵制其不再去骚扰西域。而丞相魏相认为这样做不妥，上书劝阻说："我听说，平定叛乱，消灭凶暴，称为义兵，以仁义为使命的军队，是王者之师。敌方发动侵略，我方不得不起来抵抗，称为应兵，自卫战争可以取得胜利。只为一点面子，只因一点小伤害，便忍不住满腔怒火而大动干戈，称为忿兵，这种受情绪驱使而发动的战争，必然受挫。贪图别国的土地、爱慕别国的金银财宝而劳师动众，称为贪兵，因为不是正义之战，非失败不可。依仗国家强大，炫耀人口众多，打算在敌人身上显示自己的威力，称为骄兵，因盛气凌人会招致全军覆没。这五种军事行动的结局，没有谁能够改变，也是一种公平的自然规律。最近，匈奴常表现出善意，把抓到的汉朝士兵和百姓都遣送回来，也没有进犯过边塞。现在匈奴人虽然出兵争夺车师，但不过是小规模战斗，不足介意。听说众位将军打算出动大军，深入匈奴心脏地区。我十分愚昧，不知道这次军事行动，属于上述五种类型中的哪一种？沿边塞各郡县都很贫困，父子只能同穿一件狗皮或羊皮衣服，没有粮食吃，靠挖野菜充饥，天天担心无法维持生存，怎忍心让他们再去服兵役呢？《老子》上说：‘军事行动之后，必有凶年。’意思是说，百姓愁苦怨恨之气伤害天地间阴阳调和。出兵即使获胜，也会有后遗症，恐怕天灾人祸，从此一发不可收拾。现在的地方官吏大多不能胜任，而水旱灾荒，不时发生。陛下左右的大臣没有考虑到民间痛苦，仍然要发兵征讨，到万里之外的蛮荒地区报复细小的仇恨，恐怕会遭受孔子所说的危险：‘季孙忧虑时，不在颛臾国，而在大门里面的屏风小墙之内。’”魏相进谏的基本精神是“与民休息”，所以反对用兵匈奴，有利于社会的稳定和生产的发展。

宣帝采纳魏相的建议，中止对匈奴的军事行动。派长罗侯常惠率领张掖郡、酒泉郡的驻军前往车师，护送郑吉及其属下的屯田军队到渠犁，暂时放弃车师。仅隔数年，在宣帝神爵二年（前 60 年），匈奴的日逐王投降汉朝后，车师就又归于汉了。

三、军事打击确保边境安全

突厥是继匈奴后在北方的广袤草原上建立起来的又一个奴隶制国家，在北周、隋、唐初时期空前强大，中原王朝一有政局变动，首先派人与它联系结好，争取援助。甚至刘邦在太原起事时，为了取得突厥人的支持，不惜向突厥可汗称臣。

隋初，由于突厥军事上很强盛，而经济却很落后，突厥贵族便不断地率兵向南侵入内地，大肆抢掠，严重地威胁着隋朝的经济生活和政治统一。于是，隋文帝除采取武装防御的措施外，在适当的时机也采取积极出击的军事行动。为取得反击突厥侵扰战役的胜利，隋文帝往往派遣宰相亲自出马，担任出征隋军的统帅。

隋文帝开皇三年（583 年），发动了大规模还击突厥的军事行动。宰相高颎、虞庆则分别为行军元帅，率领大军分路由宁州道、原州道出击，把突厥可汗沙钵略打得大败而逃。随后，沙钵略可汗向隋朝提出和亲修好的请求，并致国书于隋文帝说：“两地虽异，情义如一。从今以后，子子孙孙，直至万世，和亲友好，永远不绝。上天为证，决不违背！”隋文帝认为突厥可汗沙钵略很有善意，于是否定了朝中个别王公大臣提出的乘机袭击的意见，派遣宰相虞庆则出使突厥，并回复了国书。虞庆则到达突厥后，顺利地完成了与沙钵略可汗谈和的使命。在此后的近二十年时间里，突厥与隋朝的边境地区，基本上处于一种安宁和睦的状态，这无疑对隋朝早日完成统一大业是有很大帮助的。

但是，到了开皇十九年（599年），突厥的都兰可汗、达头可汗又成为边患，隋文帝派宰相高颎、杨素等大臣统领大军，分别由朔州道、灵州道出击。高颎命令部将赵仲卿率领三千精兵为前锋，到达族蠡山，与突厥兵相遇，展开大战，连战七天，获得大胜。乘胜追击，到达乞伏泊，又把突厥兵打得大败，获得战利品很多。随后，突厥又集中大量兵马，冲杀过来，赵仲卿排出方阵，四面拒战，连战五天。高颎率领大军及时赶到，与赵仲卿里外夹击，突厥兵又大败而逃。随后，隋军又过白道，翻秦山，再追七百多里，大获全胜。

杨素率领的隋军，与达头可汗率领的突厥兵相遇。过去，隋朝军队与突厥交战时，由于惧怕速度快捷、冲击力强的突厥骑兵，不敢主动出击，常以战车配合步兵被动应战，并把带枝杈的树木削尖后半埋于地下作为掩蔽工事，然后排成方阵。在方阵中布置骑兵，用来防御、截击敌军骑兵的奔袭，再寻找可乘之机进攻敌人。这已形成一种固定的战法。但杨素认为：“此乃自固之道，非取胜之方也。”[1] 故而一反过去的旧战术，

① 《隋书》卷四八《杨素传》，第1286页。

决定采取一种新战法，命令部下各军摆开骑兵阵势，做好主动进击的准备，给敌军一个出其不意的打击。

突厥是个游牧民族，不仅生活在马背上，作战更是骑于马上，凭借马的快速奔跑能力，在平坦的草原上可形成极大的冲击力，是突厥自视为绝对优势的战法。所以，当达头可汗闻知杨素将用骑兵对阵，欣喜若狂，仰天大笑，说："这是上天赐我。"[①] 于是下马，朝天叩拜。因此信心十足地率领十余万骑兵，浩浩荡荡地呼啸前进，直扑隋军。杨素见突厥骑兵来势虽然凶猛，但军阵不整，便按预定战术，命令部将周罗睺率领精锐骑兵主动迎战，自己带领大部队跟进攻击。突厥骑兵在突然遭到改变了战术的隋军骑兵猛烈冲击下而大败，死伤无数，达头可汗受重伤逃走，其余逃命的突厥骑兵号啕大哭，声震原野。

四、施惠怀柔确保边疆安定

隋唐之际，中原地区战乱不断，破败不堪，不仅使一度衰弱的突厥有了喘息恢复之机，而且北方的一些军阀为了扩展势力，争着与突厥结盟，联合南侵，军阀抢夺城池地盘，突厥抢掠财物人口，使得突厥迅速强大起来。唐初，虽然中原地区结束了战乱，统一了全国，但突厥势力也达到了极盛，边患极其严重。突厥贵族甚至带兵进至渭水边上，仅一水之隔的京城长安经常处于禁严状态，威胁着唐王朝政治、经济、文化中心的安全和生存。所以，到了唐太宗贞观初期，朝廷便倾全力对付突厥，在李靖、李勣等名将的指挥下，唐朝大军数度征战，至贞观四年（630 年），终于活捉了突厥颉利可汗，灭了东突厥国。

① 《隋书》卷四八《杨素传》，第 1286 页。

东突厥政权灭亡后，突厥人当中有一部分逃到北面依附另一少数民族薛延陀，有一部分向西投奔西域，还有十万人归降唐朝。对归降的十万突厥人如何安置，是关系到边地安定、突厥人心稳定的大问题，所以唐太宗特命文武大臣讨论，以期求得一个妥善的办法。

有一部分朝臣认为："北方边远地区的少数民族，自古以来就是中原的祸患，如今突厥幸而被亡，应该把其剩余人口迁移到黄河下游以南的地方，拆散部落，散居在州县之间，教他们耕田织布，把这些以游牧为生的牧民教化成农民，使塞北永远成为空闲地带。"

中书侍郎颜师古认为："突厥、铁勒自古以来都是难于臣服的民族，陛下已经臣服了他们，请安置在河套以北，分别设立酋长，统领其部落，这样就永远没有祸患了。"

礼部侍郎李百药认为："突厥虽然称为一个国家，但划分了若干部族，每个部族都有酋长。现在应把原来的统治系统打散，任命各部族自己的人为首领，使他们互不统属。一个国家分割成若干部分，力量减弱，就容易控制。部族之间势均力敌，必然不能与大唐抗衡。请仍然在边境上设置督护府，任命监护他们的长官，这是安定边地的长久之策。"

夏州都督窦静认为："北方少数民族性格强悍，不能用刑法威慑，也不能用仁义教化，况且他们也怀有强烈的故乡之情，不容易忘其本土。所以，如果把投降的突厥人安置在中原一带，有害无益。将来万一发生变故，必危及朝廷。不如对突厥灭亡后所余下的人，施加意外恩惠，封予王侯称号，嫁给宗室之女，使他们感恩戴德。然后再分割其土地，拆散其部落，使其势力分散削弱。这样就容易控制了，使他们长期成为大唐的臣属，永保边塞安全。"

宰相温彦博经过审慎思考之后，提出了自己的意见："把归降的突厥人口迁徙到黄河下游以南地区，有背于突厥人长期生长在北方的本性，不是生养的好办法。请按照汉光武帝建武年间的先例，既不驱赶到塞外荒漠，也不留在中原内地，而把他们安置在边塞以内，保全其部落组织，尊重其风土习性，使其充实人烟稀少的空虚之地，作为中原的屏障，这是最好的政策。”

魏征反对温彦博的主张，认为：“突厥人世代侵扰中原，内地百姓仇视他们。如今有幸使其败亡，陛下因他们是投降归附，不忍心全杀了，但应让他们返回塞外故土，不可留在中原。突厥人衰弱时就请求归附，强盛时就背叛朝廷，这是他们的本性。现在归附的突厥人有近十万，几年以后，子孙繁衍，人口成倍增多，一定成为心腹大患，到那时后悔也来不及。晋初，外族与内地百姓混杂居住，由于晋武帝不听从把外族驱出塞外的劝告，二十多年后，洛阳一带成为外族的巢穴。”

温彦博又进一步说：“君主对于万物的关系，有如天覆地载，没有任何遗弃。突厥人走投无路，归降朝廷，为什么要抛弃他们而不接受呀？孔子说：‘有教无类。’如果把突厥人从死亡中拯救过来，传授如何维持生活的技能，教给礼义，几年以后，全会变成大唐的百姓。选取他们的酋长为长官，使入京城值班警卫，既畏惧皇威，又感恩戴德，有什么后患？”

唐太宗最后采纳了温彦博的意见，把归降的突厥人安置在东自现在的河北北部西至现在的宁夏之间。在突利可汗原来统治的地方设置顺州、祐州、化州、长州四个都督府；又在颉利可汗统属的地方设置六个州，东面设置定襄督护府，西面设置云中督护府，选派突厥酋长为长官，以统治其民。这在主观上是唐朝统治者对突厥人采取的一种怀柔政策，客观上则通过加强行政管理，促进了各民族间的交往与融合，促成了国家领土的完整和统一。

五、改革军事制度防止边患

开元初期，宰相张说因与其他宰相关系不睦，被排挤出朝，以文臣身份担任边地统帅，历经数镇。此次外任，使张说对边地的实际情况有了感性认识，及至再次回朝任相时，便向唐玄宗建议改府兵制为募兵制，这是古代军事制度史上的一项重大改革。

开元六年（718 年），张说任右羽林将军，兼幽州都督。幽州之地在今河北北部，州城就是现在的北京，北面与奚族、契丹族居住地接壤，故为北方重镇。就在这一年，契丹首领李失活去世，其大臣叫可突干的争权夺利，引起契丹内部大乱，严重影响边地安宁。于是，唐朝派兵镇压，结果失利。针对这种情况，张说写表奏上，陈述利害，提出建议。他认为，现在幽州的兵马又少又弱，不能派上用场，而且城里的粮仓都是空的，没有贮藏。所以，必须加强战备，以防止边患。怎样解决这个问题呢？张说提出了屯田的建议，而且很具体。他说："要想求得百姓安宁，莫过于丰衣足食；想要求得国家富强，首先是辛勤耕种。我接连在河北地区任职，详知河流水泽的情况。查看漳水可以灌巨野，淇水可以灌汤阴，如果在此开辟屯田，不会少于万顷，化荒草为粳稻，变盐碱之地为肥沃之田，使用人力不多，得到利益很大。所以，朝廷应该不失天时，掌握地利，上可以充实国库，下可以供应边军，而且河漕畅通，容易转运。"屯田既增加了国家财政收入，减轻了当地百姓负担，又方便了水利交通，保障了边防军需，可说是一项非常有益的措施。

开元七年（719 年），张说又被调到太原任并州大都督府长史，兼天兵军大使。他再次上表陈述自己对边防事务的意见，建议朝廷在边地实行和睦政策，以安抚周边少数民族，除非迫不得已，就不要用威力施压。随后，契丹大臣可突干立李失活的族弟郁干为契丹首领，并派遣使者向唐朝廷请罪。唐玄宗任命郁干为松漠都督，唐朝与契丹的纠纷得到圆满解决，使边地得以安宁。

开元八年（720年）六月，驻防河套地区的唐军统帅王晙得到密报，居住本地的一部分突厥降户暗中勾引塞外突厥，准备偷袭占据军事要塞受降城，王晙设计杀了他们。这一事件，震动了居住于东面而属于并州防区的同罗、拔曳固等部落，群情不安，人心浮动。秋天，张说只带上二十名随从，骑马直接到各部落，夜晚就住在帐篷里，招其酋长，耐心安抚。并州防区副长官李宪因担心发生异常情况，写了一封劝阻张说的信派人飞速送去。张说复信说："我的肉不是黄羊肉，不必怕吃；我的血不是野马血，不必怕刺。读书人见危难而献生命，正是我报效国家之时。"各部落为张说的真情实意所打动，于是都安定下来，化解了一场眼看就要发生的边患。

开元九年（721年）四月，原突厥降将康待宾起兵反叛，占据长泉县，攻陷兰地等六州。朝廷命令王晙率兵讨伐，并令张说率兵策应。当时，康待宾暗中联合党项人，攻破了银城、连谷等县城，还占据了粮仓。张说率领一万骑兵出合河关，打败叛军。张说率军乘胜追击，追到骆驼堰时，党项人反戈一击，打散了康待宾叛军，便趁黑夜向西逃入铁建山。张说招抚流散的党项人，让他们安居下来，恢复生产。张说的副手阿史那献认为党项人反复无常，请求趁此机会，全部杀掉。张说坚持制止这种滥杀要求，说："正义之师，应当是征伐叛乱的，抚柔归服的，怎可以杀已经归降的！"于是奏请朝廷，把他们安置在鄜州，以镇服党项余众。九月，张说被命为宰相。

开元十年（722年）闰五月，张说以宰相身份出京至西北边境巡视防务，处置兵马。由于张说历经边镇数年，熟知边防事务，感到朝廷在沿边各镇常年安排六十万守军无必要，所以奏请精减兵员，裁撤二十万人，让他们回乡务农。唐玄宗对于裁减三分之一边防军颇有疑虑。张说解释说："我长时间在边疆任职，详知边防军内情，将帅只是为了护卫自己和役使营私，才需要这么多士兵。如果是御敌制胜，不在于多多拥有闲杂兵员，从而妨碍农务。陛下若以此为疑，我愿意用全家一百口人的生命作为担保，决不用担忧因裁减兵员而招致敌人入侵。"唐玄宗同意了。这很有利于减轻百姓的负担。

唐代前期，在军事组织上实行兵农合一的府兵制，即农忙时务农，农闲时习武，凡百姓家中的男性成员，从二十岁到六十岁都为服兵役期，或轮番从军警卫京城，或应召入伍守边征战。但他们的家仍不能免除杂徭，时间一长渐渐贫弱，男性成人尽量逃避兵役。京城卫士，本来按照年限轮换更替，但往往不能按时进行，府兵之制，名存实亡，连保卫京城的兵源也无法保证。鉴于这种情况，张说建议朝廷制定优惠待遇，招募壮士从军，把必须服兵役改成个人自愿应募为兵。此建议获得唐玄宗批准，下令招募仅十几天，就得到精兵十三万，按时轮换做京城卫士。随后，边防军也按此法招募职业军人，长期驻守边镇，专门从事打仗。从此以后，兵农合一的府兵制转变为兵农分离的募兵制，既保证了兵源，又提高了战斗力，有效地解决了边患不息的问题。

六、运用外交手段解除边患

自安史之乱后，周边少数民族对唐王朝构成的最大威胁莫过于吐蕃，不仅出兵夺去河西走廊，还一度占领了京城长安。所以，如何减轻和解决吐蕃所形成的边患问题，迫切地摆在了唐朝君臣的面前。李泌作为宰相，根据周边环境的实际情况，从外交角度提出了很好的建议，以争取边地的安宁。

当时，吐蕃仅凭一己之力，尚难与唐抗衡，但它往往北联回纥，南联南诏，对唐朝形成半包围态势，使唐军在漫长的边境线上穷于应付。不过，吐蕃在向西争夺势力范围时，却又与大食等国为敌。据此形势，李泌向唐德宗提出了削弱、牵制吐蕃的具体对策，这就是北与回纥和好，南与南诏友善，西与大食、天竺结交。恰好，贞元三年（787 年），回纥合骨咄禄可汗多次向唐求和，请求与唐联姻，但唐德宗却不答应。那么，唐德宗为什么不愿与回纥和好呢？原来，在唐代宗宝应元年(762 年)，唐朝平定安史之乱时，请求回纥出兵援助。回纥兵在牟羽可汗的率领下，进驻现在的河南三门峡市黄河北岸，而唐军在兵马大元帅雍王李适，即后来的唐德宗的率领下，也进驻此地。雍王李适带领随从去见回纥可汗，回纥可汗认为，唐皇帝既与回纥可汗相约为兄弟，可汗应该是雍王的叔父，雍王必行拜舞礼。但雍王的随从认为，雍王是大唐皇帝的长子，现为领兵元帅，岂有大唐皇帝的继承者向回纥可汗行拜舞礼的道理。双方为此发生争执，回纥将军竟动手把雍王的随从抽打一百鞭子，随从之一的韦少华当夜死去。唐德宗当年受此奇耻大辱，长期对回纥怀恨在心，如今要与回纥和好，在感情上实在难以接受。所以，唐德宗对李泌说：“我对你的话无所不听，至于回纥，应等到子孙辈去解决，我在之时，绝对不行。”李泌问：“是不是因为从前受的耻辱？”唐德宗也不隐讳，说：“是的，随从韦少华为了我而被鞭打致死，我岂能忘怀！当前国家多难，虽没机会报仇，但要与回纥和好是不可能的。”李泌说：“鞭打韦少华的是回纥的牟羽可汗，陛下继位后，他举兵入侵，还未出境，就被现在的合骨咄禄可汗杀死。从这点上讲，当今的回纥可汗对陛下还有功劳，理应受到封赏，为什么要怨恨他？边将张光晟杀了回纥驻京使者突董等九百多人，而合骨咄禄可汗始终不敢杀朝廷使者，因此，合骨咄禄可汗是无罪了。”

从此以后，李泌有十五次奏对，没有一次不谈到与回纥和好的问题。而唐德宗却仍然旧事重提，只是退了一步说：“我不惜屈己，可与回纥和好，但不能辜负韦少华一些人。”李泌说：“以我所见，韦少华这些人是辜负陛下，而不是陛下辜负他们。”唐德宗问这是为什么？李泌回答说：“从前，回纥的叶护带兵帮助讨伐安庆绪，肃宗只让我在元帅府设宴慰劳，先帝并不与叶护相见。随后，叶护执意邀请我到回纥兵营，肃宗还不许我去。等到大军将要出发，先帝才与叶护相见。为什么要这样，因回纥粗悍勇猛，大队兵马进入中原腹地，作为天下兵马元帅的先帝不能不提防。陛下当年正年轻，韦少华等人不能仔细思量，就引导皇帝的长子直接去回纥兵营访问，又不事先与回纥商议有关见面时的礼仪，造成他们可以放肆行凶的局面，难道不是韦少华等人辜负了陛下吗？即使他们死了，也不能补偿应负的罪责。而且，香积寺大捷之后，叶护要带回纥兵进入刚刚收复的长安城，先帝亲自在叶护马上行拜礼，加以阻止，叶护也就不敢入城。当时观看的人有十多万，都感叹说先帝是真正的人主。那么，先帝的屈己之举，所损失的少，所得到的多。叶护是牟羽的叔父，牟羽为可汗后，带领全国之兵赴中原之难，所以，他志气骄横，敢于要求陛下行礼。陛下天生神物，不为他所屈。对这种情况，我不敢说些别的什么，如果发生牟羽可汗强留陛下在营中，陪他饮酒笑乐十天，天下人怎能不寒心啊！然而，陛下神威，回纥也怕，牟羽可汗的母亲捧上貂皮大衣给陛下，叱退左右，亲自送陛下乘马而归。陛下试把先帝在香积寺向叶护行拜礼之事与这次事件比较一下看，先帝屈己是对的呢？或不屈是对的呢？是陛下屈于牟羽可汗呢？还是牟羽可汗屈于陛下呢？”李泌这一打圆场式的解释，颇能缓解唐德宗对回纥的怨气。于是，唐德宗也自我解嘲地对大将李晟、马燧说："故旧朋友真不该再相逢。我一向怨恨回纥，今一听老朋友李泌说起香积寺之事，我也感到自己理亏。您二人以为怎么样？"二人回答说："果真像李泌所说，那么，回纥大概可以饶恕。"李泌说："我以为回纥不应受到怨恨。试想，当今的回纥可汗杀了使陛下蒙受耻辱的牟羽可汗，回纥人又两次帮助大唐收复京城长安，他们有什么罪过？吐蕃乘机攻陷河西、陇右几千里地，又率兵攻入京城长安，使先帝逃亡陕州避难，这才是真正可怨恨的。"唐德宗听了李泌的分析，已回心转意，但担心与回纥结怨已久，他们又听说了与吐蕃结盟的事。现在前往与他们交好，会不会遭到拒绝？会不会被耻笑？李泌认为不会，并说："我从前在彭原，现在的回纥可汗当时是胡禄都督，与现在的回纥宰相白婆帝都随从叶护而来，我接待他们很优厚。所以，当他们听说我作为宰相而求和，哪有拒绝的呀？我现在请求陛下让我给回纥写信，提出五项条约：第一，向大唐称臣；第二，做陛下之子；第三，每次派来的使者不能超过二百人；第四，每次贩卖给大唐的马不能超过一千匹；第五，不得掠带汉人和胡人到塞外去。这五项条约，如回纥全部接受，那么，陛下一定要答应与他们和好。这样就会使大唐的声威远震北疆，牵制吐蕃。"

不久，回纥可汗派使者向唐德宗上表，同意五项条约。唐德宗兴奋地问李泌："回纥为什么这样地畏服你？"李泌不失时机地奉承说："这是陛下的声威，我个人有什么力量。"使得唐德宗在高兴之余，又问李泌说："回纥既已和好了，那么，用什么办法结交南诏、大食和天竺？"李泌也趁热打铁，对唐德宗说："与回纥和好之后，吐蕃就不敢轻易侵犯边塞了。下一步结交南诏，就是砍断吐蕃的右臂。南诏自汉以来就臣属于中国，只是在玄宗时奸相杨国忠无故侵扰他们，才叛离大唐，臣属于吐蕃。但是南诏百姓苦于吐蕃繁重的赋税和徭役，没有一天不想重做大唐的臣民。大食是西域最强的国家，从葱岭到西海，其土地占半个天下，它与天竺都仰慕大唐，世世代代与吐蕃为仇。因此，我知道与他们结交必能成功。”

在李泌的策划下，争取朋友、孤立敌人的外交努力逐渐取得成效。唐德宗答应回纥的和亲请求，要将咸安公主嫁给回纥可汗。贞元四年（788 年），合骨咄禄可汗派遣使臣迎娶公主，礼仪极为隆重。并对唐德宗说：“过去是兄弟，今天做女婿，是半个儿子。如果吐蕃对大唐侵扰，儿子当为父亲除害！”于是回纥与吐蕃断绝关系。而西川节度使韦皋也积极贯彻李泌的决策，多次派人前往南诏抚慰。贞元九年（793 年），南诏首领异牟寻派遣三批使者，分作三路入唐表示归顺。贞元十年（794 年），又派遣使者入京奉献地图、土特产以及吐蕃所给的金印，请求恢复南诏国号，表示彻底脱离吐蕃，归向大唐。至此，吐蕃的两个盟国变成敌国，形势大变。再加上大食、天竺与吐蕃继续为敌，牵制其军力。吐蕃的处境日益困难，从而对唐朝的威胁也逐渐解除，李泌安定边地的策略取得显著效果。

七、诚意接纳为我捍卫边塞

唐穆宗于长庆元年（821 年）把唐宪宗之女、穆宗之妹太和公主嫁给回纥可汗，与回纥保持了友好关系，不但对安宁北方边境起了很大作用，而且对促进共同打击吐蕃也有积极影响。太和公主出嫁回纥十年间，唐朝与回纥的关系还算和睦，边地也太太平平。但是从唐文宗大和四年（830 年）起，回纥连年遭受自然灾害，人畜受到极大的损失，从而引起回纥内部的动乱。天灾和人祸交织在一起，使回纥的国力逐渐衰退。但还有更不幸的，就是一向与回纥为敌的黠戛斯趁此时机，于唐文宗开成五年（840 年）率领十万骑兵踏上了回纥的领土，回纥可汗在战败中被杀，回纥部落四分五裂。其中，回纥可汗的兄弟嗢波斯及大臣赤心、仆固等各率领自己部落的人马抵达天德军防区的边塞一带，请求归附唐朝。

天德军使和监军想出兵攻击归附的回纥，要以此邀功受奖，因此编出一套出兵理由，说回纥溃逃之兵进犯、威逼军事要塞西受降城，人马之多，绵延六十里还看不到边。边地居民因回纥入侵，深感不安。请朝廷准许出兵攻击。朝中一些文武大臣也都认为，嗢波斯是背叛回纥可汗而来，决不可接纳他，应当出兵把他赶回去。

宰相李德裕提出应该送粮安抚，以收其心。他对唐武宗说："走投无路的鸟扑在怀里，尚不能弄死，让他存活。何况回纥过去曾援助大唐平定安史之乱，立有大功！现在他们为敌黠戛斯所灭，部落离散，穷途末路，远来归附朝廷，丝毫未犯边塞，为什么要趁危出兵？"于是建议，应派使者前去安抚，送粮食给他们，解救困境，这正是汉宣帝降服匈奴呼韩邪单于的上策。

但有大臣立即提出反对意见，认为这样做不就是秦朝李斯所说的借给敌人兵马、资助盗贼粮食吗？不如出兵把他们赶走。李德裕反驳说："现在天德城内驻守的军士才一千多人，如果出兵，打不了胜仗，天德城一定会丢掉。与其这样，不如用恩惠安抚，使他们在边塞稳定下来，不会形成边患。即使他们侵犯边境，也须调拨各路兵马一同讨伐，哪能单独叫天德出兵呢？"

而唐武宗对嗢波斯的归附是否可靠，怀有疑虑。李德裕对唐武宗说："朝中大臣是否可靠，我都不敢担保，怎敢保证数千里外的回纥。不过，说嗢波斯是叛将，恐怕不可。如果回纥可汗还在位，嗢波斯等率领部落归降，有碍两国关系，当然不可接受。现在回纥已无国主，将相也相继逃散，各奔东西。嗢波斯这一支远来归附朝廷，我看了他们所递上的表章，言辞间有无限危机感，而且紧迫恳切，这怎么能说是叛将？嗢波斯是去年九月到天德军防区的，今年二月，回纥才新立了乌介可汗，它们之间已无君臣关系。”于是提议让河东军、振武军在边境上严加防守，等回纥进犯城镇时，再用武力驱除。

唐武宗接受李德裕的建议，命令边将不得为了立战功而妄自出兵，攻击嗢波斯。对他们应该安抚，使之感恩戴德，归顺朝廷。同时命令河东、振武加强防卫。

李德裕又请唐武宗派遣使者慰问，安抚回纥，赏赐三万斛粮食。但唐武宗对此仍持怀疑态度，大臣中也有不赞成资助粮食的。李德裕解释说：“现在调集各道的兵马还未到达天德城，天德城正处在孤立之际，如果不用粮食救济这些饥饿的回纥人，使他们安定下来，万一天德城失守，这罪过谁来承担?”唐武宗便同意拨粮食两万斛救济回纥。

但边将对嗢波斯等人的归降仍持对抗态度，所以嗢波斯屡次表示归降，都受到边将的阻挡。会昌二年（842 年）四月，天德军都御使田牟又上奏朝廷，声言回纥多次侵扰边境，我们等不及圣旨，已出兵三千抗击。

李德裕对田牟的擅自出兵，当着唐武宗的面做了严厉批评，说：“田牟根本不懂军事。回纥向来是擅长野战，不善于攻城。田牟应坚守天德城，等待各道兵马到来。现在竟自作主张盲目出兵，万一失利，城中空虚，将怎样自守?”李德裕请唐武宗尽快派使者前去制止。还建议唐武宗任命善战而有谋的石雄为天德军都团练副使，以辅佐不懂军事的田牟。

由于李德裕采取了正确的策略，使嗢波斯坚定了归降之心，于同年四月，亲率回纥大臣部将两千二百余人归降朝廷。

五月，唐武宗派大臣张贾为使者去安抚嗢波斯等，并且封嗢波斯为左金吾大将军、怀化郡王。对其部下也分别授予官职和给予赏赐，并赏赐各部落粮食五千斛、绢三千匹。

嗢波斯于同年六月入朝，朝廷授予嗢波斯所率军队正式称号为归义军，嗢波斯请求把家属安置在太原，以便和自己的部下共同捍卫大唐边境。

八、决意抗击驱敌离边塞

宰相李德裕采用软的一手，成功解决了回纥嗢波斯归降的问题，维持了边地的安宁。但在嗢波斯归唐以后，新即位的回纥乌介可汗，却认为嗢波斯背叛了他，于唐武宗会昌二年(842 年）五月，派人向朝廷要求把嗢波斯押送回回纥，并且向朝廷索要粮食、牛羊等物。唐朝廷对此无理要求给予有理有节的答复："粮食，可以用出售马匹的钱，在振武军防区内购买三千石；牛，是耕田所依赖的，我朝法令禁止人们屠宰；羊，中国地区少有。嗢波斯从回纥刚一破灭，就归降了我朝，不跟随可汗您已有两年，与回纥脱离了关系。"乌介可汗又派人提出借军事重镇天德城的要求，唐朝廷也没有答应。于是，乌介可汗不顾唐朝廷的一再警告，接连率兵侵扰边境。这时，朝中有人说，回纥人是等待还他们的卖马钱，唐朝廷便将钱全部还上，但回纥还是不停止抢夺，反而南下，进入内地驱掠牛马好几万头。至此，宰相李德裕在详细分析了回纥的情况后，准备采用硬的一手，以武力相回敬。他针对其他大臣提出的唐军坚守边关的意见，向唐武宗建议说："回纥依恃的是嗢波斯等大臣，现在他们已离回纥而去，势力强弱，已见分晓。回纥可汗不思成败之理，因个人意气而带兵入侵，处于急躁不安的状态。现在即刻发兵，迅速出击，必能打败敌人。如果一味防守，等于向敌人示弱，敌人不可能退兵。所以，主动出击为上策。"唐武宗赞同李德裕的主张，于是分别调集许、蔡、汴、滑等六镇兵马增援，任命边镇将帅刘沔、张仲武、李思忠等为亲临前线攻击回纥的指挥官。

不过，太和公主这时还在回纥，乌介可汗常以此为要挟，把她当做人质。唐朝廷投鼠忌器，颇感棘手。所以，唐军出击回纥时，先得解决好这个问题。唐武宗会昌三年（843年）正月，乌介可汗率兵进犯振武军防区，李德裕对唐武宗说："现在乌介可汗所依靠的是手里挟持着太和公主，如果派勇将出奇夺回公主，敌人自然溃败。"于是，唐武宗命令李德裕亲自制定奇袭乌介可汗、夺回太和公主的策略，并授意前线指挥官刘沔。刘沔又对勇将石雄面授机宜说："回纥势弱，不难驱除，只因太和公主的缘故，不能急速出击。您可挑选精锐骑兵，乘其不意，径直到乌介可汗驻地，敌人因我军来势迅猛，不及提防，一定丢下公主逃窜。我率大军紧随，可放手进攻，必获大胜。"石雄便亲自挑选精锐骑兵三千，在月色朦胧的夜里进发，直奔乌介可汗所在地。刘沔率大军随后由太原出发。

由于石雄的快速行军，进入振武城后，就连在近处的回纥兵都未发现。石雄登上振武城墙，瞭望敌军情况，发现有数十辆车，随从者的服饰衣装都像中原人的。石雄派人去侦察，得知是公主的营帐。于是又派人潜入营帐，告诉公主说："公主到了这里，就在家门口，应该寻求回家的路。现在就要出兵袭击可汗，请公主与侍从人员悄悄做好互相保护的准备，等进攻时，保持镇静，原地不动。"石雄便收集城内的牛马等大牲畜和大鼓，夜里偷偷地将城墙凿开十几个大豁口。天微微亮时，一声令下，城墙上树起旗帜火把，从城门及豁口处把牲畜赶出去，士兵随后擂鼓呐喊，径直冲向乌介可汗的营帐。一时间，火光冲天，鼓声动地，人喊马叫，乌介可汗大惊，不知所措，丢弃重型军需物资，带着骑兵仓皇逃跑，而石雄也率领精锐骑兵急追。等追到杀胡山时，赶上乌介可汗，于是纵兵猛攻，回纥大败。乌介可汗身受重伤，羊马车帐，又丢下一片，只带了几百骑兵远远逃走。刘沔又率大军赶来，回纥部落两万多人投降。石雄将太和公主接到太原，又送回长安。

李德裕坐镇长安，制定军事计划，向前线唐军发出指令，取得了对回纥反击战的重大胜利，维护了唐朝北方边境的安全。

第五节　革新财税漕运

一、减轻百姓赋税，增加国库收入

北朝时期，战乱频繁，贫苦百姓日益破产，其中有许多沦为豪强大族的荫户，以求保护，实际上变成替主人耕种、纺织的农奴。所以，表现在户籍上往往是三十家、五十家才为一户，甚至有上千家为一户的。这些农奴也随着主人不纳税，严重影响国家财政收入。这种情况至隋朝建立后仍然存在。

宰相高颎有鉴于此，于开皇五年（585 年）向隋文帝建议实行输籍定样，改革户籍管理，调整税收政策，增加财政收入。他认为，朝廷对百姓的赋税交纳虽有规定，但在征收时，有许多百姓人家依附于豪强大族，而地方官吏也曲徇私情，在文书记载上进行舞弊，没有明确的账册，难以核查。所以，朝廷应该制定统一的税收登记格式，把各户所缴赋税，依据家产定额记入账册。在每年的五月五日，就叫百姓每三百家或五百家共为一团，依照国家制定的户籍样式，确认户籍等级。这样，百姓就无法逃税漏税，地方官吏也难以从中作弊徇私，赋税就可为国家所得。同时，减轻百姓缴纳的税额，以此吸引那些依附于豪强大族的百姓人家，让他们知道交给主人的钱物比交给国家赋税的要多许多，从而与其脱离关系，光明正大地做国家的纳税户，国家财政也因此而增加。唐代经济学家杜佑认为："高颎没轻税之法，浮客悉自归于编户，隋代之盛，实由于斯。”[1] 可见高颎改革财税的措施，在当时产生了很大的经济效益和社会效益。

二、巧设漕运线路，便利南粮北调

唐玄宗开元前期，由于京城的人口及官吏增多，公私用粮需求增大，关中地区只要一闹灾害，粮价飞涨，唐玄宗就得前往东都洛阳讨食，以便缓解京城长安的粮荒，大唐天子成了要饭皇帝。开元二十一年（733 年）秋，又因久雨成灾，京城粮贵，唐玄宗要去东都。临行前，单独召见了管理京城事务的长官裴耀卿，询问解决这个问题的办法。因为裴耀卿早在开元十八年（730 年）任宣州刺史时，就提出过这方面的建议：“江南的粮食运到洛阳、长安非常困难。各个州征收的赋税财物，正月、二月由本州装船启运，到扬州进入运河，正赶上水浅期，运输不便。到四月以后，才开始渡过淮水进入汴渠。由于汴渠之水干浅，到六七月，才到达黄河口。这时，黄河之水高涨，又必须停止一两个月才得以进入黄河。由黄河到洛河，又是洛河之水干浅期。总之，从江南到洛阳，停停走走的日子多，畅通直行的日子少。同时，江南百姓不熟悉黄河水流，都雇用那些在黄河上驾船的水手，从而增加了运费。如今考察前期现成之规、国家旧有之法，综合利弊，择优弃短，可形成一个长久之策。请在黄河口设置武牢仓，江南的运粮船不必进入黄河，就把粮食卸下贮于舱内。在巩县设置洛河仓，黄河上的运粮船不必进入洛河，就把粮食卸下贮于舱内。再令建造河阴仓、柏崖仓、永丰仓、渭南仓，还像前面那样的做法，逐段转运。水可通船，就随近运输；不能通船，就暂时放在仓里。这

[1] 《通典》卷七《食货典·丁中》，第 156 页～第 157 页，中华书局点校本，1988 年版。

样，不再滞留远方的运输船只，不担忧长时间运输产生损耗，比起旷日持久的远路转运，便利一倍多。现在暂且设置武牢、洛口等仓，江南运粮船一到黄河口，就让其返回本州，再另找船只来运其粮。并且把江南运粮船所节省的运输费拿出来，让其再运江淮间的义仓粮。因为江淮间气候潮湿，粮食不能长时间储藏，如果义仓粮无船可运，要不了两三年，就发霉变质，于公于私，都无好处。”这是个系统有效的办法，只是当时未引起唐玄宗足够的注意。所以到了要具体解决问题的时候，唐玄宗自然想起，便召裴耀卿再问此事。对此，裴耀卿当然胸有成竹，想法更加成熟。他说：“从前，太宗贞观、高宗永徽之际，京城需求粮食不多，每年转运二十万石粮食就够了。现在用粮增多，比以前运粮增加了几倍，还不够用。从东都到陕州这一段的黄河水很险要，水路运输不便，只得使用陆路，无法大量运输。如果能够开通黄河漕运，变陆运为水运，那么，运输量立即会增大许多，京城粮仓常贮存两三年的粮食，就不用再担忧水旱之灾了。而且江南运粮船，往往要等到水涨才开行，江南人不习惯在岸上拉着船前进，所以到处停留，时间拖延很长，于是产生偷盗。我希望在黄河口设置一座仓库，接纳江南运来的粮食后，便放船回去。从黄河口再分别进入黄河、洛河时，官府自己雇船载运。在三门峡的东边，设置一座粮仓。三门峡这一段水流险要，就在黄河岸边开辟山路，用车子载运十几里。在三门峡西边，再设置一座粮仓。每当有粮食运到仓库所在地时，就搬下来贮进粮仓。水可通船时就载运，水浅时就停止。从黄河岸边的太原仓溯黄河而上，再没有险阻，减省运费很多。”唐玄宗十分赞赏这个建议，便于第二年加以具体实施。

开元二十二年（734年）八月，设置河阴仓、黄河口西边柏崖仓、三门峡东边集津仓、三门峡西边盐仓。开辟三门峡一段山路十八里，以避水流湍急之险。自江淮而上溯汴渠转运的粮食，全部送进河阴仓。从河阴仓取粮运进含嘉仓，又由含嘉仓转运至太原仓，这一段叫做北运。自太原仓向西通过渭河，最后运粮到京城长安。唐玄宗非常高兴，便任命裴耀卿为宰相，并兼任江淮、河南转运都使之职，负责运输任务。前后三年，运粮七百万石，比起原来由洛阳运粮全走陆路到达三门峡所需运费，减省了四十万贯。有人劝说裴耀卿将省下的运费献给皇上，以求得功劳。裴耀卿认为不可用它来邀宠，并且奏请把这笔钱作为有关部门进行和市、和籴交易的费用，是有利于国计民生的举措。

三、因地制宜改变漕运方法

唐朝自安史之乱爆发以后，潼关、洛阳一带受阻，原来的漕运路线中断，汴渠等人工运河也因长时间不用而淤塞废弃。唐朝廷运送江南的粮食物资，先要溯长江而上，再转入汉江溯流而上，运抵陕南汉中后，就得翻山越岭北上，最后转运到京城长安，一路上非常艰难。随着唐朝廷平叛战争的扩大和时间的延长，军费也日益增长，财政却日渐不支，而关中粮食的缺口越来越大，甚至要百姓揉搓尚未收获的麦穗来供应禁军，宫中的厨房有时也断炊。所以，唐朝廷急需大量地从江、淮一带转运粮食物资。但要大规模地进行运输，就得恢复原有的漕运线路。唐代宗即位以后，任命刘晏为宰相，专门负责江淮一带赋税的征收和转运。

刘晏接受任务以后，一心扑在转运事务上。为了弄清多年来漕运的利弊，他一会儿坐船，一会儿骑马，亲自对从前的漕运线路进行实地考察。他先乘船由淮河经泗水进入汴渠，再经汴渠进入黄河。他又骑马直驱陕州城郊，沿黄河右岸巡视砥柱、峡石，察看三门渠津遗址。经过实地考察研究，他对漕运情况已是了如指掌，对改革漕运已是胸有成竹，于是向朝廷写出报告，详细地陈述了漕运的利弊情况，具体分为“四利”和“四弊”。“四利”是：一、京城所在地的关中，百姓的赋税徭役繁重，而江、淮的粮食运到，可以减省他们一半的负担；二、东都凋残破败，人口流亡，而漕运之路重新开通，沿岸的村落人口将会逐渐增多；三、边镇将帅听说江、淮赋税财物大量运到，军粮充足，就有信心抗击外敌入侵；四、漕运流通，车船畅行，商贩往来，货物云集，可恢复贞观、永徽时的盛世。“四弊”是：一、宜阳、熊耳、虎牢、成皋这五百里之间，人烟稀少，百姓穷困，推车拉船，非常艰难；二、自战乱以来，黄河、汴渠，河岸崩塌，千里泗水，行船困难；三、东垣、砥柱、渑池、北河这六百里之间，久无兵士巡逻，盗贼猖獗，很不安全；四、从淮阳到蒲坂，长达三千里，沿路满是屯守据点，都以衣食不足为由，漕运物资一到，便将车船扣留，此类事件，难以制止。这些分析都很中肯，既指出了开通漕运是有利于经济恢复、国计民生的大事，同时也指出了实施过程中的不利因素，将会出现的不利局面。唐朝廷非常重视刘晏所论述的问题，积极予以支持解决，从而也使刘晏能够尽展其才。等到江、淮地区的钱粮财物大批运到长安时，唐代宗非常高兴，派遣卫士和乐队，远远地到东渭桥去迎接刘晏，还派遣使者慰劳他说：“卿，朕酂侯（萧何）也。”[①] 此后每年大约运粮四十万斛，即使关中遇上水旱之灾，物价也不会暴涨。刘晏恢复和改革长期废弛的漕运，使江、淮财赋源源不断地运进关中地区，缓解了唐朝廷财政紧张的局面，维持了作为全国政治、经济、军事、文化中心地位的长安城的稳定和繁荣。

① 《新唐书》卷一四九《刘晏传》，第 4795 页，中华书局点校本，1975 年版。

刘晏对漕运的改革是多方面的，具有一系列的措施。从漕船的制造、水手的雇用与训练，到监督航运、维护航线等环节都改变了旧法，而且直接由国家经营管理。

刘晏为了使漕运船坚固耐用，保证运输中的安全无损，便在扬州长江口设置了专门的建船场，每一艘船的造价是一千缗钱，高出一般船的一倍多。对此，有的人认为刘晏所造之船的实际费用不到支付的一半，国家损失太大。刘晏认为这样看是不对的。凡做大事，不能太在意小的费用，要有长远的考虑。现在刚刚设置船场，管事的官吏很多，要多给些钱，让他们从中得到一部分私用之钱，还有一部分就可以全用在造船上，船也就造得结实，可经久耐用。如果和他们斤斤计较，少付些钱，他们就会偷工减料捞取私用之钱，而严重影响船的质量。如果船易破损，常换新的，那么，所支付的费用会更多。这是刘晏洞察官场之弊而采取的一种不得已的预防措施。事实也证明了刘晏的做法是正确的，例如五十年后，懿宗咸通时，财政部门按造船成本付工钱，虽减价一半，而造出的船脆薄易坏，无法用于漕运。

刘宴也改变了漕运中的一些旧法。过去的漕运，从润州陆运至扬州长江口，每斗米的运费是十九钱。刘晏改用口袋装米，而后用船运送，可减省运费十五钱。过去由扬州到河阴，每斗米的运费是一百二十钱。刘晏制造了两千艘支江船，每艘船载粮一千斛，十艘船为一对，每一对三百人，船工五十人，派兵护送到河阴、三门峡，每斗米的运费减少九十钱。

刘晏还采用分段转运的办法，长江上的转运船不人汴渠，汴渠上的转运船不人黄河，黄河上的转运船不人渭河，也就是先把江南漕运的货物存放在扬州，接着把汴渠漕运的货物存放在河阴，再把黄河漕运的货物存放在渭河口，最后由渭河上的转运船运人长安。过去漕运艰难，凡能把一斛粮食转运到长安还有八斗的，就算功劳，可受奖赏。刘晏因地制宜，根据长江、汴渠、黄河、渭河水量的不同及涨落的周期，建造适合各种用途的船只，训练船工，熟悉河道，掌握水性，分段漕运。所以，每年运粮达一百多万石，很少发生运粮船翻沉的事故。这样既大大提高了漕运能力，又大大减轻了粮食损耗。刘晏在雇用船工时，也改变了旧法。从前，州县官府先委托当地富豪做船头，再由这些船头雇用车船水手，并督责民夫拉漕运车船。又委托当地富豪为捉驿，具体管理驿路邮递事务。由于任意盘剥，税外横取，使得雇工不堪忍受，都逃去做盗贼。刘晏改用官船漕运，让官吏亲自管理驿路上的事务，除去没有正当名堂的税收，还制定了盐业经营法度。他从盐业销售收入中拿出一部分钱雇用船工，从江、淮一带到关中渭桥，漕运十万斛粮食物资，只花费七千缗佣钱，并且派专门人员督运护送，成本降低，安全可靠。这样一来，刘晏主管的漕运不强征人丁民夫，不烦扰州县官府，既能产生经济效益，又能促进社会稳定，是自古以来很少有的。

四、因时制宜实行夏秋两税

大历十四年（779 年），唐代宗去世，刚登上皇帝宝座的德宗因在过去做太子时就听到过杨炎的名声，于是启用正在南方做小官的杨炎为宰相，而杨炎受命为相不久，便在财政税收方面进行了重大改革。

按照制度规定，凡是天下赋税钱财都贮存在国库之一的左藏，由掌握钱物出纳的太府寺官员按季上报数额，再由掌管核对账册的比部官员核实钱物的收支情况。等到安史之乱以后，在第五琦担任总管财政收入及支出的职务时，京城长安的贵臣豪绅很多，无节制地索取赏赐，而他又制止不了。于是，第五琦上奏朝廷，请求把左藏这个国库里的钱物全部归并存入内宫的大盈库中，由宦官掌管，皇帝也觉得这样取用起来很方便，就同意了。从此，天下人所应共有的国库贮藏，变成皇帝个人的私有财物，有关的财政部门不能知道它的多少，国家用度不能计算出盈亏。而掌管内库的宦官就有三百人之多，管理混乱，中饱私囊。这种情况至杨炎任相时已有二十年了。

杨炎担任宰相后，决心革除财政混乱的弊病，便向唐德宗上奏说："财政赋税是国家的根本、万民的命脉，天下是治是乱，都在于它。所以，历代都要选任重臣主管财税大计。一旦大计有失，江山就不稳固。先朝皇帝采用权宜之计，授权宦官掌管国库，而宦官操持国家根本，是盈是亏，即使朝中大臣也不能知道，从而无法筹划天下大事。请将财政大权归还有关部门，估算宫中一年需要多少经费，据其数额奉入。这样，我作为宰相，才好参政议事。"唐德宗接受了杨炎的意见，下诏说："凡是财赋收入，都归属左藏国库贮存，按旧规定办理。每年从总数中酌量进献三五十万存入大盈内库。"多年积弊，一朝革除，颇受当时人的称赞。

唐朝前期，在财税制度上实行租庸调法，就是每个成年男子每年向国家缴纳两石粮食，这是租；每个成年男子每年向国家缴纳两丈帛、三两绵，或者是两丈五尺麻布、三斤麻，这是调；每个成年男子每年为国家服徭役二十天，如果无事不用服役时，把一天的徭役折算为三尺绢或三尺七寸五厘布后缴纳，这是庸。如果有事而增加徭役，超过十五天的就免除调，超过三十天的，租与调都免除。所增加的徭役天数连同二十天的正式服役，相加不能超过五十天。如果遇到自然灾害，收成的损失在十分之四以上，免除调；收成的损失在十分之六以上，免除租与调；收成的损失在十分之七以上，租、调和徭役全部免除。这种税收方法是建立在均田制的基础上的。均田制在唐初几十年实行得还较好，原来无地或少地的农民，都或多或少的得到一定数量的土地，故而租庸调法也能较顺利地推行。后来，由于土地兼并越来越厉害，失去土地的农民也越来越多，均田制渐渐遭到破坏。到了唐玄宗末年，户籍制度废弛，农民迁徙死亡，土地经过买卖，财产发生变化，对此，官府长期不作调查，也未重新登记造册。但是，官府在征税的时候，根本不顾实际变化，只是凭旧户口册上登记的情况向下征税，已经严重失实。安史之乱后，户口锐减，按照人头收税，已无法实行。却又由于朝廷平叛，军费开支日益扩大，更加向百姓乱收税，逼迫催促，强行索求，也没有固定标准。再加上收税的官吏巧立名目，随意增加税额。新税旧税，接连不断，月月纳税，没有限度。于是，不堪忍受的百姓大量逃亡，流向外地，留在原居住地的百姓越来越少。

为了革除税收的积弊，增加国家的财政收入，并解决军费问题，杨炎于建中元年（780 年）向唐德宗提出实行两税法的建议，并被采纳。两税法是以户税、地税为基础，重新确定税额。户税是不论成年男子或未成年男子，一律按资产数量缴纳钱税，户口不再区分本地户和外来户，一律按现在居住地确定户籍，然后各州县按照这个新定户的动产和不动产估计其财产数量，分别划为三等九级，以确定每户的纳税额。地税是按每户所占有的土地数量征收粮税。地税以建中元年的前一年即大历十四年的实耕土地数量为依据，所征收的税率则参考建中年间的规定。田地分为上田和下田，征收的税率也不一样。为了鼓励垦田，征收的税率较低。此外，还有一些具体的规定。以往所征收的租庸调完全并入两税，其他一切杂税一概免除。无固定居住地的商人，按其经营收入的三十分之一纳税。每年夏秋两次征收，夏税不得超过六月，秋税不得超过十一月。

为保证两税法的顺利实施，杨炎还建议把一个地区的户数和税额的增减作为主管该地区政务的官吏升降职务的主要依据，以此来激励各地官吏贯彻两税法。唐德宗支持杨炎首创的两税法，于建中元年（780 年）二月，下令全国实施，还派遣黜陟使巡行天下，督促落实。当时主管赋税的大臣认为，租庸调制已实行很久，旧制不可轻易改动。但唐德宗并不动摇，照旧推行。

两税法的推行，在当时确有一些积极的意义，并取得了一定成效。两税法规定按资产纳税，资产多的纳税多，资产少的纳税少。这样一来，既多多少少改变了原来富人少负担、穷人多负担赋税的不合理现象，同时也扩大了税源和纳税面，因为官僚贵族及商人都属于富有阶层，应按其资产纳税，从而增加了国家财政收入。另外，两税法简化了征税名目，废除了过去繁多的苛捐杂税，在一定程度上遏制了官吏从中牟取私利，起到一定的缓和社会矛盾的作用。

第四章

治国安民

第一节 兴利除弊

一、萧规曹随魏相跟进

汉朝第一丞相萧何，从汉高祖刘邦起事之日起，就追随刘邦终生，是其最可靠最得力的政治助手，故在评定开国功臣时，刘邦力排众议，亲自提名萧何为第一功臣。所以，汉初出台的一系列兴利除弊、休养生息的政策法规，都是在他的主持下制定的，并加以积极推行。

汉朝初年，承秦代暴政和楚汉战争之后，整个社会遭到严重破坏，经济凋敝，人口锐减，田园荒芜，百姓流亡。物资财产极端缺乏，一般百姓不论，即使皇帝，也难得马车坐，而将相出行，就乘坐牛车。那些投机商人还要雪上加霜，囤积居奇，牟取暴利，使得物价飞涨，一石米，值百钱，一匹马，价百金。面对这种情况，汉初君臣把废除秦代苛法、恢复战争创伤、安定天下人心、发展农业生产作为当务之急。于是，在丞相萧何的积极参与和主持下，配套出笼了一系列重要政令和措施。

汉高祖五年（前 202 年），楚汉战争一结束，汉朝廷即下令裁减兵员，送回家乡务农。又连续向全国发布对从事农业生产实行奖励的文告：一、凡进入关中灭秦的关东人，愿意留在关中为民的，免除十二年的徭役，返回关东的，免除六年的徭役；二、劝说那些为躲避战乱而逃入深山湖泽的人返回原籍，重新编入百姓户口册，恢复田地、住宅，让他们从事农业生产，地方官吏不许虐待；三、原先因穷困饥饿而自卖为奴的，恢复他们的自由民身份；四、军队里的低级军官及士兵，凡是没有犯罪记录的，如果是无爵的一律晋爵为大夫，已是大夫的再晋爵一级，他们本人及全家一律免除徭役。汉高祖七年（前200年），因人口稀少，汉朝廷采取鼓励生育的措施，对增添丁口的人家，给予免除两年徭役的优待。汉高祖十二年（前195年），刘邦向天下发布了两条重要文告。一条是说，朝廷减轻百姓赋税的决心是坚定的，但以前没有对各诸侯国向朝廷贡献物品做出具体规定，以致造成献礼过多，加重了诸侯国内百姓的赋税负担，现在规定诸侯王于每年十月入朝献礼，限定数额。另一条是说，天下各郡的郡守、诸侯国的相国等地方官员，都要积极发现和推荐有德行、有才能的人士，并负责护送到京城长安。另外，实行“十五进一”的税收政策，更是一项兴利除弊、轻徭薄赋的重要举措。

这些政策法规的制定和实施，充分说明萧何不仅对建立汉政权立有汗马功劳，而且对巩固汉政权更发挥出卓越的政治才能，为汉朝以后的繁荣昌盛打下了良好的基础。

汉高祖六年（前201年），刘邦封年纪还小的儿子刘肥为齐王，而且在为齐国划分土地时，凡百姓能说齐地方言的就属于齐人，所以齐国特大，有城七十多座，兵力占全国十分之二，重要性仅次于京城所在地的关中。当时的齐国，民情既伪诈多变，又经多年战乱，民生凋敝，很难治理。所以，刘邦任命身经百战、屡立战功的曹参为齐相国，实际是想利用他的威望去镇服齐国。但是，曹参到齐国后，采用了一条与刘邦所预想的恰好相反的治理之道。

曹参到齐，不以开国功臣自居，请来德高望重的老者、习文知礼的儒生，有一百多人，充分听取他们有关如何安抚治理齐国的见解。但是议论的人多了，意见也就杂乱，一时难定孰是孰非。曹参又听说胶西有位盖公，精通黄老学说，如果将这种思想化入治民之道中，必有效用，于是派人用厚礼将盖公请来，当面请教。盖公讲了一套“治道贵清静而民自定”的大道理①，一语道破了时代之需，提供了救世之法。曹参以此为启迪，推行一系列与民休息的措施，治理齐国九年，取得良好效果，被当时人称赞为贤相。

汉惠帝二年（前193年），丞相萧何去世，曹参被召回长安继任丞相。曹参在朝施政办事，一方面继续采用在齐国时的治理之道，一方面严格遵守萧何所制定的一切法规，不加变动。他在选任官吏上，对华而不实、贪图功利的，概不录用，而选用那些不善辞令却办实事的忠厚之人。曹参整日饮酒，什么事务也不过问。一些官吏宾客见此情景，替他着急，想劝劝他。可是，凡前来拜访的人，曹参就请他喝酒，发现有人想要谈朝廷大事，更是一杯接一杯地让那个人喝酒，直到喝得不能说话才完事。

丞相府后园和丞相府属吏的住地仅一墙之隔，属吏们在住地日夜喝酒呼叫。曹参的随从人员看他们闹得不像话，又不便出面禁止，就请曹参到后园去赏玩，希望他发现后加以制止。不料，曹参听到隔墙传来的喧闹声，不但不干涉，反而命令随从也在后园设席饮酒，与那边的属吏们大声唱和。曹参待人宽厚，对下人的小过失不予计较，尽量掩饰过去，下人感念他的

① 《史记》卷五四《曹相国世家》，第2029页。

恩德，自觉奉职守法。因此，丞相府清静无事，从而使整个社会生活也在清静无事、不受干扰的状态下正常运行发展。

曹参的儿子曹窋当时为汉惠帝的侍从官员。汉惠帝见曹参继任丞相后，整天喝酒，不理国事，以为他看不起自己这个年轻皇帝，便对曹窋说："你休假回家时，找机会问问你父亲，高皇帝（刘邦）去世不久，皇上年轻，你做丞相，却天天喝酒，什么事也不管，怎么能治理好天下？"并且叮嘱曹窋："把你父亲的回答转告我，但不要说是我让你这么问的。"曹窋回家就照汉惠帝的意思质问父亲。曹参一听就火了，抽了曹窋两百鞭子，边打边骂："你这小子懂什么？赶快回去侍候皇上，国家大事是你议论的吗？"曹窋挨了打，也不敢分辨，到宫里向汉惠帝讲了这一切。汉惠帝对曹参的做法更感到无法理解。

第二天上朝时，汉惠帝责备曹参说："丞相为什么责罚曹窋，是我叫他规劝丞相的。"曹参连忙摘掉帽子，叩头认错。汉惠帝请他起来说话。曹参说："请问皇上，您和先帝相比，哪一位英明？"汉惠帝毫不犹豫地回答说："我哪儿比得上？"曹参又问："我跟萧丞相比较，皇上看哪个贤明？"汉惠帝微微一笑，说："好像不如萧丞相。"曹参立刻提高声音说道："皇上说得对啊！高皇帝与萧丞相平定天下，制定的法令明白详尽，皇上只需垂衣拱手，端坐于位，曹参等臣子只需恪守职责，遵行既定法令，不发生差错，不就可以了吗？"

汉惠帝听曹参这么一说，便说："很好！我明白了，请丞相休息吧！"

曹参与汉惠帝的对话，实际是关于汉初统治政策的一份简洁声明。由于汉初一改秦朝政令苛酷、赋役繁重的政策，在无为而治的黄老思想指导下，简化政令，减轻赋役，与民休息，安定天下。而曹参正是这一政策最忠实的执行者和实践者。所以，在他去世后，当时人称赞为萧规曹随，就是说曹参能够坚决执行和继续推行萧何所制定的符合社会实际情况的政策。

汉宣帝时任丞相的魏相，有一特点与众不同，即对于朝廷保存的汉前期群臣的奏章等档案文献，特别感兴趣，经常阅读，从中寻求有益的经验教训，以求对纠正现行政令中的一些弊病有所借鉴。他经常对一些过去行之有效或出现弊端而对现实仍有兴利除弊作用的典章制度，加以综合分析研究，在得出比较成熟的肯定意见或否定意见后，提供给汉宣帝，由其或择优施行，或淘汰去弊，一般都能取得良好的社会效果。所以，汉宣帝对他的意见和建议，非常重视，多能采纳。过去的历史学家论汉宣帝中兴，就是认为得力于魏相等贤相的辅助。

魏相除了善于从历史上吸收正反两方面的经验教训外，也很注意现实事物。魏相对丞相府的官吏做出这样一条规定：他们去各郡、各诸侯国办公事，或休假告病回乡，等到返回后，一定要将所见所闻，写成有实际意义的报告呈上来。这样，魏相对下情的了解，就又多一条渠道，并且更真实些，而不是单靠地方官吏的报告。例如有些地方发生了政治事件，遇上了自然灾害，在地方官吏的报告中，往往有虚假不实的成分，甚或隐瞒不报。对此弊端，魏相都能准确掌握，直接奏请汉宣帝，及时予以纠正和处理。

二、姚崇前赴宋璟后继

唐玄宗开元四年（716 年），中原大地发生了蝗灾，蝗虫飞起来遮天蔽日，落下去庄稼全毁，灾害日益严重。可是，长期以来，由于科技的落后，人们在天命论和佛教杀生轮回教义的双重影响下，对于蝗虫产生的危害，往往表现出一种消极态度，体现在行动上，就是一味地祭神拜佛，乞求上天，希望能开恩降威，把蝗虫赶走。于是，眼睁睁地看着蝗虫吞食禾苗，就是不敢捕打赶杀，已经形成了陋习。这次蝗灾发生后，百姓仍然无所作为，只是烧香磕头，而文武百官，也一筹莫展。唯独宰相姚崇，敢于打破陋习，向唐玄宗递上奏章，主张发动百姓，积极捕捉消灭蝗虫。他在奏章里引经据典，以《诗经》和汉光武帝诏书上所载灭蝗之事为权威例证，来说明驱除蝗虫的行为是合宜的，也是能够做到的。随后，又提出消灭蝗虫的具体办法："蝗虫，其实是害怕人的，所以，很容易驱除。另外，田地都是有主的，使他们救自家的庄稼，肯定不怕辛劳。请在夜里点上篝火，在火旁挖上深坑，捕捉蝗虫一边烧一边埋，蝗虫就消灭了。古时，也有灭除不尽的情况，那只是由于人们不想办法不用力的缘故。"于是，他提议派遣担任御史之职的官员，再加上特别"捕蝗使"的头衔，分道前往灾区，督促各地官吏和百姓灭蝗。

姚崇这一大无畏的建议，居然一石击破千层浪，在朝中引起轩然大波，虽议论纷纷，却又众口一词，认为蝗虫是天灾，属上天意志，人力不可为，故不宜捕捉，搞得唐玄宗一时也没了主意，捕还是不捕，犹豫不决。姚崇仍然力排众议，严厉批评说："平庸的儒生只会拘泥于书本，而不识变通之理。大凡天下事物，千差万别，有违背经典却合乎自然之道的。也有与自然之道相反却适合权宜之计的。历史上，魏时中原地区发生蝗虫伤害庄稼之事，因为不忍心杀生的一点小善，就不灭除蝗虫，从而误了大事，致使田里的禾苗全被吃光，发生饥荒，严重到人吃人；后秦时发生蝗灾，禾苗庄稼以及野草树叶全都没了，饿得牛马都互相啮咬毛皮，人就更加悲惨。现在，山东地区的蝗虫到处都有，而且还在快速繁殖生长，是过去很少听说过的。黄河南北广大地区，没有多少粮食储备，如果庄稼无所收获，百姓岂能免了流离失所之苦，事情关系国家安危，不可再拘泥于陋习而不去变通。即使不能将蝗虫全部灭掉，也比让它继续滋生而造成大灾强出许多。"最后，姚崇不顾个人的荣辱利害，向唐玄宗表示出灭蝗的极大决心："因为陛下好生恶杀，所以，此事不必烦劳亲自下达圣旨，乞求让我来签发公文，进行处理。如果蝗虫没能灭除，我现在一切官爵，都请求削夺免除。"但是，唐玄宗对灭蝗之举，仍有疑虑，认为蝗虫是天灾，"确是由于无德无道招致的。您请求捕杀蝗虫，是不是有背于天道而伤害大义呢？"姚崇立即回答说："捕蝗之术，古人先前已使用过，陛下在后世加以利用。古人用它，为了保护农业，陛下用它，为了解除灾害。我听说保护农业之举，不是伤害大义，而农业得到保护，就会使物资丰富，灾害一旦解除，就能使人们安居乐业。兴农除害，是国家大事，希望陛下认真思考。"唐玄宗听后，这才下了决心，并且高兴地说："我和贤相讨论，已经议定了捕蝗之事，谁敢再提出阻挠意见，处以死刑！"

尽管姚崇已经说服了唐玄宗，但朝中还有不少大臣疑惧不安。就连为官清廉正直的卢怀慎也担心姚崇捕蝗不成功，反而会丢了官爵，就私下劝他说："蝗虫是天灾，怎能用人事之道来处理？朝野议论，都认为捕蝗不对。另外，杀虫太多，有伤和气。现在还来得及改变主意，请您再思考一下。"姚崇却毫不动摇，说："古时候，楚王吞下蛭虫，他的病没加重反而好了；孙叔敖杀死双头蛇，他没遭祸反而得福。赵宣子达到了圣人，恨用其犬；孔子将成为圣人，不惜其羊。这些都是为了如何安抚人，不失礼。如今蝗虫极盛，驱除即灭，如果放任它吞食禾苗，所到之处，庄稼全毁。山东地区的百姓，难道应该饿死？这件事，我已当面向皇帝上奏议定过了，请您不要再说。如果为了救百姓而杀蝗虫，便招致祸害，我姚崇愿意独自接受，决不连累他人。"

人们常说，祸不单行，这对于姚崇灭蝗来说，有点道理，同时也是对他的考验。就在同年稍后时间，在同一地区，再次发生严重蝗灾。姚崇一如既往，立即派遣“捕蝗使”，促令各地官吏和百姓捕蝗救灾。但是，对于一些保守官员来说，这次的蝗灾，被当做了天降之灾而人力不可为的证举，又老调重弹，反对捕蝗。如汴州刺史倪若水认为：“蝗虫是天灾，消灭它，不是人力所能做到的，应该以修德来攘除。十六国时期的刘聪，曾发动人捕捉蝗虫掩埋掉，结果危害更大。”因此，对抗朝廷派来的捕蝗御史，不肯从命。姚崇听到此事后，非常气愤，立即签发公文，解送倪若水，加以训斥，认为刘聪是小国伪主，德不能胜过妖；今日为圣朝大国，妖不能胜过德。古代凡是优秀的地方长官，蝗虫不进入他们的管辖区。如果他们靠修德可免蝗灾，而蝗虫进入他们的管辖区，难道是说他们无德招致的吗？岂不违背历来公认他们是具有德行的优秀地方长官这个事实吗？言外之意是警告倪若水做地方官不合格，身为汴州刺史，蝗虫却进入汴州为害，若依照你倪若水的理论来衡量，这就是无德。倪若水看了公文，十分惶恐，作为朝廷命官，也不敢抗拒行政命令，赶快发动当地百姓灭除蝗虫。

随后，姚崇又派遣使者前往灾区各州县仔细检查灭蝗情况，并把各州县官吏在灭蝗过程中的各种表现上报朝廷，作为评定政绩优劣的标准之一，从而促进了各州县的灭蝗救灾。姚崇亲自督察灭蝗之务，始终如一。因此，第二次灭蝗取得了很大的成绩，仅汴州一地，就捕捉蝗虫十四万石，而那些投入汴渠冲走的还未计算在内。就是这样，把蝗虫造成的灾害降低到了最小限度，使中原地区没有发生大饥荒。在事实面前，姚崇勇破陋习而捕杀蝗虫的行为，终于赢得了人们的钦佩和赞扬，说姚崇“为相，忧国如家，爱民如子”[①]。

---

① 《开元天宝遗事》卷上《四方神事》，见《开元天宝遗事十种》，第81页，上海古籍出版社，1985年版。

唐玄宗开元六年（718 年）以前，宋璟曾任广州都督，为当地百姓兴办实事，改除陋习等，政绩斐然。后被唐玄宗召入京城为相。这一年正月，广州地方官吏给朝廷打报告，说宰相宋璟在广州任职期间，爱民如子，吏民要求为他树立遗爱碑，以示怀念。当时，各地州县立遗爱碑成风，倒不是真有这么多的优秀地方官，也不是百姓真心要为他们立碑来歌功颂德，而是地方长官升迁之后，原地留任的官吏想奉承攀附他，以及一些地方小吏要巴结地方大员，于是或诱骗或假借当地百姓的名义，为之立碑，吹嘘美德，其实都是假的。这已形成一种不良的风气。宋璟对此风深恶痛绝，便对唐玄宗说："我在广州时，并没有特殊的事迹，因为我现在受到陛下的重用，使得他们要献媚谄谀。今后定要革除这种坏风气，希望就从我这儿开始，请陛下严令禁止他们立遗爱碑。"唐玄宗接受了宋璟的建议。于是，其他地方都不敢再立什么遗爱碑了。

三、张九龄针砭吏治

唐朝将地方行政划分为州、县两级，刺史为州的长官，掌一州之政，县令为县的长官，管一县之事。州县长官均由朝廷直接任免。由于州县长官直接和百姓打交道，其治理的好坏，就关系着民间的疾苦、国家的稳定，故州县长官的人选是很重要的。但是，唐朝在加强中央集权的过程中，长期重内官轻外官，即注重在京官员的选任，而对于地方官员的选任重视不够，久而久之，官僚们便产生了不正常的心理，出京做官好似被放逐，入京任职好似登仙界，除过贬官及受排挤者外，本来属于正常的职务调动，而在他们的感觉上却有天壤之别。例如倪若水为汴州刺史，而汴州当时是地处中原的富庶大州，当他在为一位进京任职的官员饯别之后，望着远去的背影，对着下属非常羡慕地说："何异登仙乎！"[①]

唐玄宗开元后期任宰相的张九龄，既在朝任职多年，又历任地方官，洞悉二者的利害得失，了解其中的弊病根由。为此，他向唐玄宗特别指出，治理国家的根本，莫过于重视刺史、县令。刺史、县令身在地方，接近百姓，是亲民之官，州县百姓的命运完全操纵在他们手中。黎民百姓是国家的根本，务本之官本应受到重视，实际上却受到轻视。以致因刺史、县令的不好，使百姓遭困，也使圣上的教化销声匿迹，这是不能选好亲民之官的弊病。还认为，如今任命刺史，即使在京城附近的重要大州，也很少认真挑选，其他地方的州更不用说了。这些刺史，有的是在京犯错误或毫无政绩的官员被贬逐出京任刺史；有的是因为其所攀附的权臣败落之后而跟着摔下来，又不适宜在朝为官，只得出京任刺史；还有的只是一介武夫、流外之官，由于贿赂大量财物而官居刺史，当然没有才干。刺史都是这等样子，而县令就可想而知了。

张九龄在准确而尖锐地指出问题之后，又实事求是地分析了朝廷官员不愿做地方官的各种原因：京城是高官显贵聚集之地，是容易升官扬名之场，更便于依附权贵，而且不费力气就能办成事。所以，种种好处，内官都能得到，而外官却得不到。那些智能之士，都有利欲之心，怎肯出任刺史和县令？

为了改变轻外重内的弊端，刷新吏治，张九龄特别向唐玄宗提出具体的建议和措施：凡没有做过地方官者，即使科举高中，不得担任侍郎和列卿之职；凡没有做过县令者，即使有好的政绩，也不得升任御史台官职、给事中和舍人。在外任都督、刺史、县令而又处于偏远之地的任期不得超过十年。如果

① 《明皇杂录》卷下《官吏皆薄外任》，第 33 页，中华书局点校本，1994 年版。

不这样纠正轻外重内的弊病，恐怕天下得不到治理。同时，他认为对刺史、县令的选任要精，每年从州县管辖范围内提出人选，经过德才两方面的考核，符合的，再送人事管理、官员调任的吏部选择。吏部以所选的多少来评定州县长官政绩的优劣。这样，州县长官必然精心选择，慎重荐举，真正可以出任地方官的人才也就被发现了。

四、刘晏革新盐政

唐代宗时，宰相刘晏兼任盐铁使，分管东南海盐和山南东道的井盐，盐区十分广阔，情况异常复杂。刘晏通过考察，对盐政做了兴利除弊的改革。

过去各地设立很多盐政官吏，而这些盐官奸吏，往往欺压百姓，滋事扰民。他们在盐多的地区卖不掉盐，就硬性摊派，而在盐少的地区，就抬高盐价谋取私利。

刘晏首先裁撤盐官，精简机构，只在主要产盐地区设立盐官，管理盐户，其他州县，一概取缔。于是，主要产盐地区嘉兴、海陵、盐城、新亭等地设立十个盐监，负责管理食盐的生产和收购。同时在涟水、湖州、越州、杭州设立四个盐场，负责储存和分销食盐。四个盐场与十个盐监相互挂钩，如涟水盐场接受储存、分销海陵、盐城出产的盐。盐官队伍经过整顿以后，工作效率提高了，盐政大为改观。

刘晏为改革官卖食盐中的弊端，决定改零售的官卖制度为批发的专卖制度，盐官把盐批发给盐商，再由盐商转运各地销售。但仍坚持官方收购的政策，不允许盐户私卖。这一除弊措施，不但使销售形式更加灵活，而且节省了大量从事零售的盐吏，减少了盐吏向百姓直接销售而扰民的事。

为便于盐商畅通无阻地行销各地，刘晏奏请唐代宗下令禁止各地对盐商乱征盐税，使盐商乐于长途贩运销售，消除偏远地区无盐或缺盐之苦。但同时也产生了另一个问题，盐商唯利是图，如果行销偏远地区无利可图或盈利不大，他们往往不去，使偏远地区常常发生缺盐的情况。即使勉强贩运一些盐去，也是把盐价抬得很高，使百姓叫苦不迭。

刘晏为解决这一问题，决定在偏远地区设常平盐。而常平盐就是把部分官盐调运至偏远地区集中储存，如遇当地食盐供应紧张时，就抛售储存的盐，平抑盐价，保证百姓的最低需求。这种办法，不仅对偏远地区的百姓有益，而且也给国家增加一些税收，做到官民双获利。

由于盐业和农业一样，产量时丰时欠。遇到欠产年景，就会发生盐荒或盐价暴涨，给天下人造成生活困难。于是，有了刘晏在吴、越、扬、楚地区设立数千个盐仓，储存食盐两万余石的充足储备，即使遇到欠产之年，百姓既不乏盐，市场也不会受到扰乱。

经过刘晏的精心策划，有力地加强了对食盐的管理，促进了食盐的产销。永泰二年（766 年）盐利一年收入不过四十万缗，到了大历末年（779 年），由刘晏经手办理的东南盐区，盐利一年收入已增至六百余万缗。相比之下，由户部度支管理的池盐，每年盐利不过八十万缗，而盐价还高于海盐。一向吃池盐的京城长安，有一年因食盐供应短缺，盐价飞涨，唐代宗令刘晏从外地调盐三万斛供应关中地区，调运的食盐从扬州起运，仅四十天就到了长安，受到当时人们的称赞。

第二节　直言敢谏

一、李斯以谏悟秦王

战国后期，秦国频频发动战争，准备统一全国，近邻韩国十分恐慌。秦王嬴政元年（前 246 年），韩国派水利专家郑国充当间谍，入秦执行“疲秦”任务。郑国到秦后建议秦王开凿河渠灌溉田地，实际用意是借此消耗秦国的人力物力，使其无力向东扩张，保住韩国。开始，秦王并不知道郑国的真实意图，听从了他的话，认为这是发展关中经济的好主意，就接受了。郑国西引泾水至瓠口，向东注于洛河，修建水渠长达三百里，即著名的“郑国渠”。

李斯肖像

水渠将要修成时，韩国的阴谋被发觉了。恰在这时，内廷宠臣嫪毐叛乱，又查明相国吕不韦与嫪毐有牵连。而吕不韦是赵国人，秦国一些守旧的宗室贵族本来对大量异国异姓的人士充塞秦朝廷的状况不满，因此以郑国和吕不韦为借口，在秦王面前故意搬弄是非，说：“从各诸侯国来秦的人，大都是为他们自己国家的利益做说客，当间谍，不会真心为秦效力，请大王下令，把他们都赶走!”于是，秦王颁发“逐客令”，在都城咸阳大肆搜捕驱逐异国人士。李斯是楚国人，自然也在被逐之列。他立刻上书秦王，力陈逐客的危害，开宗明义地说：“我听群臣议论秦要赶走所有异国宾客，这一决定是错误的。”紧接着从秦国历史谈起，对异国人为秦国发展做出的贡献，一一指陈：“秦穆公从西戎请来由余，从楚国得到百里溪，从宋国迎来蹇叔，任用从晋国来秦的丕豹、公孙支。穆公重用这五个人，兼并他国二十个，称霸西戎。秦孝公任用卫国人商鞅进行变法，使秦富强，打败楚、魏，扩地千里。秦惠王采用魏国人张仪的计谋，东占三川，西吞巴蜀，北收上郡，南取汉中；又拆散了六国联合抗秦，迫使各国西向事秦。张仪的功绩，使秦至今受益。秦昭王任用魏国人范雎，以计除掉权臣魏冉，加强王权，蚕食诸侯，奠定了秦的大业。这四位君王，都是由于任用异国客卿，才使秦发展强大起来。由此看来，客卿实在无负于秦！如果这四位君王也拒客而不纳用，只会使秦既无富利之实，也无强大之名。”随后又列举大量事实，说明秦王贪恋异国之物，秦宫充满异国的奇珍、异宝、骏马、美女。秦人都清楚，如果只是秦国出产的东西才要的话，那么许多好东西就得不到了。接着便发出反问，对于声色珠宝等好玩之物，秦人并不因为它们不是秦国所产而抛弃，为什么单单对士人不问好坏，不论曲直，只要不是秦人就驱逐。这样做，只能说明秦王重声色珠宝而轻人才！一个想要统一海内、控制诸侯的君主，不应采取这样的态度。最后，李斯进一步指出：“我听说土地广阔所产粮食就丰富，国家广大人口就众多，军队强盛士兵就勇敢。所以泰山不排斥泥土，才能堆积得那样高大；河海不挑剔细小的溪流，才能变得如此深广；而成就王业的人不抛弃广大民众，才能显出他的大德。所以地无论东南西北，民不分这国那国，一年四季五谷丰登，鬼神赐予福泽，这就是五帝三王无敌于天下的原因所在。而现在陛下抛弃了百姓来帮助敌国，排斥宾客而使他们为其他诸侯国建功立业，使天下有才之士后退而不敢西行，停住脚步而不敢进入秦国，这正是人们所说的‘借武器给敌人，送粮食给盗贼’啊！非秦国出产的物品，值得珍视的很多；非秦国出生的人士，愿意效忠的也不少。现在您驱逐客卿来资助敌国，损害百姓以帮助仇人，在内部削弱自己而在外面又和诸侯结下怨恨，这样下去，要使国家没有危险，是不可能的。”秦王读后，立即取消逐客令。而李斯直言国事，使秦王避免了一次严重的决策失误，保持了秦朝廷重用异国客卿这一正确政策的连续性，有利于继续收罗招引天下人才。正是有了一大批超凡才能的政治家和军事家聚集在秦王周围，才加速了秦统一天下的进程。

二、魏征以谏警太宗

唐太宗贞观六年（632 年），五谷丰登，国泰民安，边境安定，异邦朝贡。在一片繁荣昌盛的大好局势下，地方官员纷纷上疏，请唐太宗封禅。所谓封禅，是古代帝王祭祀的大典，封是祭天，禅是祭地。当时人们认为泰山是天下最高的山，而最高的统治者皇帝应当到这座最高的山上去祭天，以报天之功。并在泰山脚下的小山梁父祭地，也报地之功。第一个举行封禅大典的皇帝是秦始皇，以后，历代自以为有作为的帝王都把进行封禅当做非常隆重的国家大典，用来显示其宏伟功业。于是，在朝中群臣不断地唱赞歌、颂功德的频繁鼓动下，唐太宗也有些动心，想要去泰山举行封禅大典。但是宰相魏征认为不可。

唐太宗对魏征的态度不甚理解，就问魏征说：“你不愿我去泰山封禅，是因为我的功业还不高吗？”魏征回答说：“陛下的功业够高的了。”又问：“是因为我的仁德不够吗？还是因为周边的外族人没有归顺呢?”又答:“陛下的仁德够厚的了。周边的外族人已经归服了。”又问:“是因为粮食没有丰收吗?还是因为祥瑞没有出现呢?”又答:“粮食大丰收了,祥瑞已经出现了。”又问:“那么,我为什么不可以去泰山封禅呢?”又回答说:“陛下虽然功高,但百姓尚未完全感受到恩泽。仁德虽厚,但恩泽还未普及人间。中原大地虽已安定,但还不足以承受封禅大典的巨大负担。远方异邦虽已臣服,但还不能满足他们的要求。祥瑞虽已出现,但刑网依然很密。粮食虽连年丰收,但仓库仍不充实。所以,我认为不可封禅。我不能用过去的事做比喻,暂且借人打个比喻。有人长期患病,身体虚弱得很,经过精心疗养,虽然病已痊愈,但还是瘦得皮包骨头。这时,如果叫他背上一石米,每天走一百里路,一定办不到。今承隋末大乱之后,陛下如同一位高明医生,经过对国家的精心治理,解除了百姓的疾苦。目前,国家虽已安定,但还不稳当,现在就去泰山祭天地,宣告大功已成,我私下有些怀疑。而且,陛下东去封禅,万国首领一定来此集会,远方的外族酋长也要随从左右,可如今的实际情况是从伊水、洛水以东,直到大海、泰山,人烟稀少,荒野无边。这不是要把他们引来窥探我们的虚弱吗?况且,对远来的客人,就是竭尽财力赏赐,恐怕也难满足其欲望,而对百姓就是免除几年的徭役,也补偿不了因举行封禅使他们付出的劳役。如果遇上水旱之灾、风雨之变,使百姓怨声载道,即使后悔也来不及了。”唐太宗一听,意识到不合时宜,便打消了封禅的念头。

唐太宗贞观初期,由于实行轻徭薄赋、抚民以静、休养生息、推行重农的法令政策,社会经济得到明显的恢复和发展,国家面貌发生很大变化,初步出现粮米丰收、夜不闭户、牛马遍野、四夷归附的升平景象。但到贞观中期以后,唐太宗面对自己所取得的巨大业绩,骄傲自满的心态日有增长,追求个人享乐的欲望逐渐抬头。

魏征肖像

宰相魏征对唐太宗的悄然变化，深为忧虑。他日夜思考，面对繁荣兴盛的局面，如何保持清醒的头脑，如何继续发展贞观初年的业绩，因此于贞观十一年（637年）以后，接连递上奏章，直言不讳地指出唐太宗不能善始慎终的若干问题。

第一个问题：贞观初年，陛下不烦扰百姓，也不追求物质享受，德政教化，达到边远荒僻地区。可在现在，这种风气已逐渐衰落。但陛下还以为自己已远远超过前代的圣明君主，实际连一般的帝王也赶不上了。从前的汉文帝、晋武帝都算不上圣明的君主，但是汉文帝却能谢绝千里马，晋武帝也能焚毁雉头裘。而陛下却到千里以外寻求良马，到远方异国采集珍奇异宝。这种行为，既为百姓所责怪，又为外族所轻视。

第二个问题：孔子的学生子贡曾向孔子请教治理百姓的办法，孔子回答得很简单："必须像用枯朽的缰绳驾驭六匹快马那样谨慎小心。"子贡不知其中的道理，问孔子："何必那么胆战心惊？"孔子说："不用仁义去引导百姓，百姓就会把我们当做敌人，怎么不可怕！"贞观初年，陛下对百姓就像对待病人那样地精心护理，爱惜百姓，做事都从节俭着想，不随意大兴土木，可说是爱民如子。可近年以来，用心于奢侈纵欲的事多了，忘掉了谦逊节俭的好作风，不但随意使用人力，还说百姓没事干就会安逸懒惰，叫他们多服劳役，才容易听使唤。自古以来，哪有因为百姓安乐而使国家衰亡的？哪有因为百姓安逸而让他们服劳役的？

第三个问题：贞观初年，陛下约束自己，凡事从百姓的利益考虑。可是现在，放纵欲望，役使百姓。谦恭节约的好作风一年不如一年，骄横奢侈的情欲天天有所膨胀。虽然体恤百姓的话经常挂在嘴边，而追求个人享乐的事老放在心里。有时想要大兴土木，又怕臣下劝谏阻止，就借口说，如果不这样做，对我实在不方便。臣下为了照顾情面，哪能诤谏，这简直是要杜绝进谏者之口，怎能算得上择善而从？

第四个问题：人的成功和失败，容易受外界的影响，即使香草和臭鱼混杂在一起，也要受到污染。因此，君主对所亲昵的人，不可不谨慎对待。贞观初年，陛下看中名声和气节，对人对事，不存私心。因此，亲近君子，疏远小人。可现在不一样了，喜欢亲近小人，虽然在表面上也似乎尊重君子，但敬而远之。近小人就会看不到他的缺点，远君子就会看不到他的优点，不用别人离间就会疏远；看不到小人的缺点，就免不了亲昵起来。亲昵小人，必定不能治理好国家；疏远君子，岂能使国家兴盛？

第五个问题：贞观初年，陛下的一举一动，都遵照圣贤人所为，不追求金银珠宝之类的奢侈品，提倡节俭淳朴的风尚。可是近年来，喜欢寻求珍奇异物，对难得的珍品，不论多么远都要弄到手。同时，还不停地制作精巧的玩物。上面的人喜好奢侈而指望下面的人俭朴，那是不可能的。寻求珍宝、制作异品的事干多了，想使国家财物丰盛，那也是不现实的。

第六个问题：贞观初年，陛下访求贤才，如饥似渴。凡是君子正人推荐的，就信任重用，唯恐不能用其所长。可是近几年来，出于个人的好恶，大家都说好的人，即使被委任职务，但只要有一个人说坏话，就抛弃不用。或者对任用多年的人，一旦被怀疑，就疏而远之。看人要看日常的表现，看事要看取得的效果，说别人坏话的人，其言未必可信。对常年的表现，不能一下子就否定。君子的胸怀，是行仁义而弘扬大德，小人的性格，是喜好陷害别人，只为自身打算。陛下不审查其根本原因，而轻率地就加以肯定和否定，结果使履行仁义的人，日渐疏远，使争名夺利的人反而得志。其后果是群臣都想苟且偷安，不想尽心竭力。

第七个问题：陛下初登帝位时，站得高，看得远，做事务求不扰民，心中不存奢侈和贪欲，也没有打猎游乐的嗜好。可在几年之后，意志薄弱了，游猎起来无节制，也引起了老百姓的议论。为了尽兴游乐，甚至叫边远的地方贡献猎鹰和猎犬。有时跑到很远的猎场，大早出发，入夜才归。只以跑马射猎为乐事，不想着会有意外事情发生，如果真的突然发生事变，能来得及解救吗？

第八个问题：孔子说过：“君主以礼对待臣下，臣下就会以忠侍奉君主。”那么，君主对待臣下，信义也是不可缺少的。陛下即位之初，尊重臣下。因此，君恩广布，臣情上达，一心为国尽力，不存任何隐私。可近年以来，多有忽略。地方官进京，在入朝奏事时打算见一见皇帝，陈述己见，可是见不上皇帝的面；想有所请求，又得不到恩准。有时抓住臣下的小毛病，深加追究，就是有聪敏善辩之才，也不能表达其忠诚。因此，要使上下同心，君臣同德，不是很难吗？

第九个问题：骄傲不可滋长，欲望不可放纵，享乐不可无限，意志不可自满。这四点是前代贤明帝王取得成就的基本因素，也是明达事理的贤人深以为戒的方面。陛下在贞观之初，孜孜不倦，屈己从谏，有时还嫌做得不够更好。可是近年来，陛下骄矜放纵，依仗取得的巨大功业，竟蔑视前代帝王，自负圣聪明智。对一切现实问题，都不放在眼里，这显然是骄傲的表现。凡做一事都要求满足自己的心意，即使有时勉强抑制自己的情绪，听从劝谏，但最终不忘自己的欲望。如今嬉戏游玩的情趣很浓，毫不厌倦，虽然还没有完全妨害政事，但已不再专心于治国之道了。国家已太平无事，各族已相继归服，但仍要劳师远征，问罪讨伐。对这些问题，陛下亲昵的人，顺从意旨，不肯劝说。陛下疏远的人，惧怕威严，不敢进谏。这样长年累月，必然亏损圣德。

第十个问题：贞观初年，连年发生旱灾，京城附近的人家都到关外去避粮荒，扶老携幼的，一走就是数千里，没有一户逃亡，也没有一人怨恨。这完全是陛下对百姓善于体恤、安抚的缘故，所以至死也不变心。可是近年来，百姓疲于徭役，特别是关中的百姓，受害更大。各类工匠除了服正式规定天数的徭役外，还由官府出钱强行雇佣，而轮番到京城戍卫的士兵，也有很多被遣送到外地服劳役。民夫运送官府在乡间购置的物资，络绎不绝于路。所有这些弊端，都容易惊扰百姓，如果再因水旱灾害导致庄稼歉收，恐怕百姓的心就不会像从前那样安定了。

魏征进而提出必须善始善终，希望唐太宗接受前代帝王治理天下的成功经验，改正当前存在的弊端，为继续发展贞观之治再创新局面。这样，国家长盛不衰，百姓安居乐业，就不会有祸乱败亡的危险。“然则社稷安危，国家治乱，在于一人而已。当今太平之基，既崇极天之峻；九仞之积，犹亏一篑之功。千载休期，时难再得，明主可为而不为，微臣所以郁结而长叹者也。”①

唐太宗看了奏章之后，心情是复杂的。刺中自己身上的毛病，总有痛楚之感；克制自己享乐的欲望，也不是很舒畅的事。但是，大唐江山的根本利益又促使他必须承认过错，便对魏征说：人臣侍奉君主，顺从旨意很容易，触犯情面，直言相谏最难。你作为朕的重要辅佐大臣，常常直言国家大事，供我参考采纳。“朕今闻过能改，庶几克终善事，若违此言，更何颜与公相见？复欲何方以理天下？”② 唐太宗还把它贴在屏风上，以便早晚看到，随时警戒。并把奏章抄送史官，使后世知道君臣相处的道理。

魏征直言国事，除此之外，还有许多。如有一次，唐太宗兴致勃勃地问魏征：“你看近来政治情况怎样？”魏征觉得天下太平已久，唐太宗思想有所松懈，因而回答说：“陛下在贞观初年，主动引导臣下直言国事，三年以后，对直言不讳的臣子和事情还是带着喜悦的心情接待听从。可是近个时期以来，只是勉强地接受，而内心里觉得不舒服。”唐太宗一听，大吃一惊。问魏征有何根据？魏征说：“陛下初即位时，判元律师死罪，大理少卿孙伏伽进谏，认为按照法律不应当判死罪，陛下就把价值百万的兰陵公主的园子赏赐给他。有人不理解陛下的

① 《贞观政要》卷一〇《慎终》，第 300 页。

② 《贞观政要》卷一〇《慎终》，第 301 页。

用意，认为赏赐太重。陛下说：‘朕即位以来，还没有人直言劝谏，所以才重赏孙伏伽。’这是引导群臣积极进谏。以后，徐州司户参军柳雄伪造在隋朝的做官资历，经主管部门揭发检举，要判处死刑。当时的大理少卿戴胄认为够不上死罪，应判处服劳役，经过戴胄的多次申述，终于赦免了柳雄的死罪。当时陛下对戴胄说：‘你如此为国守法，法官就不敢滥施刑罚了。’这是能愉快地接受进谏。可是最近，皇甫德参上奏说：“修洛阳宫，是劳民伤财；收取高额地租，是苛剥百姓；现在妇女流行梳高髻，是从宫中传出来的。’陛下非常气愤地说：‘这个人是叫国家不役使一个人，不收取一粒粮食，宫女都不长头发，他才称心如意。’当时，臣曾上奏陛下：‘人臣谈论国事，不激烈直率，就不能引起人主的重视。陛下虽听从我的劝谏，赏赐皇甫德参一些绢帛，但是心里并不舒畅。这就是陛下难于听从直言劝谏的明显例证。”对魏征所举的事例，唐太宗深有感叹地说：“如果不是你，谁能说出这样直率的话，一个人真是难于知道自己！”而魏征直言国事，大都能体现出知微见著、高瞻远瞩的特点。

三、仁杰直言，武后感动

武则天笃信佛教，不仅广建佛寺，度人为僧，而且喜欢开凿石窟，建筑阁楼，以便雕刻铸造大型佛像，常常是劳民伤财。久视元年（700 年），武则天又想铸造一尊特别高大的佛像，花费金钱之巨，使用工匠之多，国家财力实难承受。因此，武则天下令天下的和尚、尼姑，每人每天捐助一文钱，帮助造佛像。

宰相狄仁杰向武则天直言此事的不妥，认为“为政之本，必先人事”[①]。现在建造的佛寺，其规模之宏伟，胜过宫殿；其修建之华丽，巧夺天工。而这些工费材料不能让鬼神出，只能让百姓出；所用的物资，不是从天上来，只能由地上出。这些工物，不损害百姓利益，从哪里获得？至于那些和尚，假借佛法，欺骗百姓，在乡村建有经营作坊，在城市盖起饭馆旅社。他们为建佛寺，化缘弄钱的殷切程度比官府征收赋税急迫得多，他们从肥美的寺院庄田中获取大量收入。有好多逃罪避税的人，齐集佛门，没有办理正式出家手续的和尚竟有几万之多。一个人不耕田，国家还要受其害，吃闲饭的人这么多，又到处掠夺百姓财物，其害就更大了。狄仁杰还进一步说明，大造佛像对维护帝王统治毫无作用，昔日的梁武帝、简文帝，笃信佛教，施舍无度，但当叛乱发生时，满街的佛寺庙宇，并不能挽救危亡的命运，到处可见的和尚、尼姑，并不能成为勤王之师！于是，狄仁杰又把话拉回主题，说：“陛下即使收取了和尚、尼姑捐助的全部金钱，也不够建造大佛像所需费用的百分之一。佛像的尊容既然这么大，当然不可露居于旷野，即使建筑百层的楼阁，也难于覆盖佛像的全身。如来佛祖创立佛教，是以大慈大悲为宗旨，哪能烦劳百姓，以追求不切实际的奢华！”最后，狄仁杰严肃地指出：“近来水旱灾害不断发生，如今的边境又不安宁，却要耗费大量的国家财力，竭尽百姓的人力，去铸造无用的大佛。一旦出现突发事变，将如何挽救？”武则天听到这里，深为感动，并说：“公教朕为善，何得相违？”[②] 于是停止了铸造大佛的工程。

唐太宗贞观年间，经过几次大的军事打击，突厥国势极度

① 《旧唐书》卷八九《狄仁杰传》，第 2893 页。

② 《资治通鉴》卷二〇七版《则天皇后久视元年闰七月录》，第 6550 页，中华书局点校本，1956 年版。

衰微，基本上解除了曾一度给唐朝造成的严重边患。但是，到了武则天时期，突厥在默啜可汗的统治下，势力又逐渐强大起来，不时地南下侵犯和掠夺，曾有不少北方的百姓被突厥所驱使而做一些苦役。这些百姓在突厥撤退后十分恐惧，害怕被官府定罪残害，因而纷纷逃到山林草莽中躲藏起来。

朝廷对北方百姓的逃匿非常关注，很多大臣认为这些人做的事虽然与突厥不同，但他们的心与突厥没有什么区别，要求加以惩治。宰相狄仁杰根据实际情况分析认为，有些逃亡的百姓是因为军事调用、征发过于繁重，以致破产，不得不逃亡；有些是因为官府侵害过重，百姓遇事，不是枷锁上身，就是棍棒相加，使他们深受肌肤之痛。处在这样的境地，又受突厥的胁迫，他们就不顾礼义，哪儿暂时有利，就到哪儿去，只图个人生存活命。这虽然是君子感到羞愧而不愿做的，却是一般人常做的事。有些城池和百姓沦陷敌方，就被认为是坏地方和坏百姓。于是，官军对曾沦陷于敌的百姓们，不是奸淫其妻女，就是掠夺其财产，地方官府也不禁止。在敌人走后，百姓所受的摧残更厉害了。通过这样分析原因之后，狄仁杰向武则天进一步指出利害："人和水是同样道理。水，堵塞就成为湖泊，疏导就成为奔流不息的河流。现在那些离家逃亡的人，露宿于草莽之中，隐藏在山泽之间。朝廷宽大为怀，他们就从潜藏之处出来；不予原谅，他们就会任性而为。黄河下游两岸地区群盗集结，就是因此而发生的。边境暂时发生战争，还不足以令人担忧；如果不顾及实际情况而加罪于曾被裹胁的百姓，就会恐惧不安；如果宽恕他们，反而得到安宁。"因而狄仁杰请求武则天宽大处理黄河下游北面诸州的百姓，不去问罪。武则天听从了，并令他亲自前去安抚百姓。那些被突厥裹胁的人，在狄仁杰的感召下，纷纷从隐藏的地方走出来，回到自己的家乡。狄仁杰又发给粮食，赈济贫困，并禁止官军侵扰，违犯者斩！

从而使这部分百姓安定下来。

四、宋璟直言，玄宗赞扬

开元七年（719年），曾作为唐玄宗死党的王仁皎去世，他的儿子王守一也是唐玄宗所喜爱的驸马。王守一请求按照唐玄宗外祖父窦孝谌的标准，为王仁皎筑坟高五丈二尺，唐玄宗表示同意。宰相宋璟坚决反对，唐玄宗也听从了。但是到了第二天，唐玄宗又改变了主意，下令依准窦孝谌的旧例。于是，宋璟上奏说："俭朴，是高尚之德；奢侈，是最大之恶。高坟，古时贤人所告诫；厚葬，实为君子所非议。所以，在大家都崇尚奢靡的时候，却独独能革除此风，不修高坟，不事厚葬，这可以说是达到了极孝。根据大唐制度，一品官的坟高一丈九尺，而那些陪葬皇陵的坟高至三丈而已。陛下外祖父窦太尉的坟，议论的人都讥讽它太高大，当时群臣中无人直言极谏，以指出它的不是之处，今日怎么可以再重犯这种错误呀？过去贞观年间，唐太宗的长孙皇后出嫁亲生女儿长乐公主时，在礼仪上要求按高一辈的长公主身份对待。魏征认为，皇帝的姑姑为长公主，皇帝的女儿为公主，在封号上既有'长'字，应该高于公主。那么，长乐公主的出嫁仪式如果与长公主的相同，这样做很不妥。唐太宗很高兴地听从了，皇后也派人致谢。可见，不能因人而改变制度，不能因自己的爱憎好恶而动摇法令的尊严。另外，近来在城里产生了攀比奢华的不良现象，如果为官的再不加节制，不按制度办事，上行而下效，将在社会上弥漫成风，后果则很严重。所以，请陛下降旨，王仁皎坟墓，按陪陵之例处理，很是合适。"唐玄宗称赞宋璟说："我每事都要以身作则，即使对妻子儿女，也是这样。但是，人所难言的，也正在于此。而您却能再三坚持，促成我的好事美名，足以留传史册。"

唐玄宗的大哥宁王李宪请求授予候选官员薛嗣先一个官职，唐玄宗传令中书省、门下省的有关官员予以解决。宋璟奏说："薛嗣先两次被选任管理祭祀事务的斋郎，尽管这一职务不是大家所向往的，但还是为了照顾皇亲关系，才任命给他的。中宗、睿宗时有一种斜封官，即一些是官或不是官的人为了升官或得到美差，通过贿赂亲王、公主等皇亲国戚，直接走后门到皇帝那里，于是常由宫中传出任命官员的条子，使官吏员额大量超编，官员素质大幅下滑，造成吏治大坏的恶果。陛下作为一代明主，继位之后，立即杜绝此事。凡举行任何奖赏，任命任何官员，一定是依据其功劳与才能，都经过了中书、门下等政府机构。至公之道，唯圣人能够实行。薛嗣先有皇亲关系，更不能为此违背法度。陛下降旨中书、门下，不算越出制度，等臣下商量后，再通知吏部去考核，而陛下不能从宫中传出正式任命的敕令。"唐玄宗接受了这个批评意见。

五、陆贽循循劝谏，德宗反躬自省

唐德宗带着很埋怨的口气对宰相陆贽说，本来很想听取谏言，但臣下的进谏，很少有慎重周密之论，甚至是在自我炫耀，委过于君，自取名声。尔后又愤愤不平地说，奏对论事的人虽然很多，但都是内容雷同、道听途说，稍加质问，就无言以对。可见，唐德宗很有些拒谏饰非的态度。对此，陆贽做了有理有节地劝谏，直言指其态度是不可取的。

陆贽认为对各种进谏要宽宏大量，"有的谏官不慎重，进谏不周密，有自我炫耀的毛病。这些虽然不是忠厚之举，但无损于陛下的圣德。如果陛下采纳他们的正确建议，那么事情传了出去，足以增加陛下纳谏的美德；如果陛下拒绝谏言，而拒谏的名声就会被传扬出去！"又认为要善于在兼听中择善而从，"对花言巧语而经不起考验的话，不要听信；对质朴而在理的直言，不要拒绝。言辞笨拙而办事敏捷的人，不一定愚昧；甜言蜜语、重财利、喜厚敛的人，不一定聪明。这些都是经过事实检验、反复思虑而得出的确论，其用意不是为了别的，而是为了国家走上健康发展的道路。”又说：“众人议论纷纷，可以看出人心之所向，其中一定有合情合理的，有可以吸取的，恐怕不应一概轻视而不肯省察采纳。至于陛下所说的‘稍加质问，就无言以对’，我认为陛下虽穷其辞，而未穷其理；能服其口，而未服其心。君主好胜，必然喜听赞美之言；君主耻于闻过，必然忌讳别人直谏。这样下去，在下面谄媚奉承的人就顺着旨意说好话，也就听不到忠诚老实的话了。君主炫耀口才，必然以己之见，折人之言；君主自作聪明，必然以己之见臆测别人。这样，在下面的人，一定瞻前顾后，不能讲出经过深思熟虑的意见。君主摆出一副威严的架势，一定不能谦虚地待人接物；君主刚愎自用，一定不能引咎自责，听人规劝。这样，怕事的懦弱之辈，必然畏避君主发怒，而不能申述真情实理。”陆贽进一步指出君主要体谅进谏的难处，“地域广阔，臣民众多，皇宫幽深，尊卑所限，自黎民百姓之上，能够一见皇帝之面的，在亿万人中，难得一个。即使有幸能够目睹皇帝之面，又能直接进言的，在千万人中，也难得一个。即使有幸向皇帝直接进言的，还要受到种种障碍。”于是，这就会产生严重问题，“上情与下不通，百姓就会迷惑；下情与上不通，君主就会猜疑。君主猜疑，就不会接受下面一片诚心；下面迷惑，就不会听从君主命令。当下面的一片诚心不被君主接受时，下面就会报之以悖逆；下面不听君主的命令，君主就会用严刑峻法制裁。下面悖逆，上面严刑，哪有不败的道理，这是自古以来乱多治少的原因。”最后，陆贽提醒唐德宗，臣下进谏和君主纳谏，是君臣两方面受益的好事，“进谏的人有封爵升官的好处，君主纳谏有获得天下安定的利益。进谏的人有博得诤言规谏的美名，君主也获得善于纳谏的声誉。所以，作为君主，担心的不是臣下进谏有这样或那样的毛病，而担心的是正直的论谏不能畅所欲言，天下的问题没能完全听到。假若能够如此，则纳谏的美德就光大了。”陆贽的劝谏，直而得理，诚挚感人，唐德宗终于有所醒悟，表示愿意接受臣下直言进谏。

唐德宗的宠臣裴延龄，虽然掌握财物大权，但并不是理财能手，而是善于使用东库倒西库的奸诈手段，在财物的数量和名目上大做文章。唐德宗受到迷惑，以为他真有理财富国的本事，因此宠信备至。

京城的西郊有一片低洼湿地，只是生长几亩芦苇，裴延龄却上奏，说长安、咸阳间有数百顷长着青草的坡地和碧波荡漾的沼泽，是牧马的好地方。唐德宗信以为真，派人察看，并不是那么回事。唐德宗也不怪罪追究。唐德宗想修建一座神龙寺，需要五十尺长的松木，派人到处寻找也未得到，心里怏怏不快。就在这时，裴延龄却说：“我近来看到京城东面的同州有一山谷，生长大树千棵，高的竟有八十尺。”唐德宗半信半疑，说：“开元、天宝年间在京郊寻求高大木材，均未得到，现在怎么会有？”巧口利舌的裴延龄立刻献出媚态，对唐德宗说：“天生珍贵木材，一定等待圣贤君主才出世，开元、天宝时如何能得到这等好木材。”唐德宗听了这一番肉麻恭维，乐滋滋的，也不派人去查实。于是，裴延龄说谎的胆量越来越大，无所顾忌，从而干出更为离奇的荒唐事。他上奏唐德宗说：“左藏库的管理人员多有失职，使大量库存东西失落。近来去检查，在粪土中竟得到白银十三万两，成匹成段的布帛和杂货一百多万。这些已经失落的财物，就是额外的收入，应全部移存内库，供陛下使用。”

朝中大臣因畏惧裴延龄，对此敢怒而不敢言。宰相陆贽挺身而出，仗义执言，对裴延龄的谎言骗术做了毫不留情的揭露和批评。他说："裴延龄以搜刮财物为钻营手段，以诡诈荒诞为良谋，以苛捐重税剥削百姓为效忠，以诬陷进谗为尽节。他总汇古今典籍所载劣迹作为自己的智谋，把冒犯圣贤所儆戒作为自己的才干。他的奸诈言行，日增月长。他的阴险之处虽然还没有全部暴露，但仅就已经暴露的罪行已是数不清。陛下如果认为他蒙受了诽谤，就应尽快为他澄清。陛下如果知道他品德不好，又何必对他宽容掩饰！陛下为保护他，对他的罪过从来不加责问。而裴延龄就认为，自己有本事蒙蔽皇上，不再有任何恐惧和顾虑。他移东倒西，说成是课赋的成绩。他取这边倒那边，说成是额外收入。这样愚弄朝廷，如同儿戏！裴延龄虚伪诡诈的行为，诬陷欺蒙的言词，可谓遇事就有，随口而出，一日不有，无时不为，我难以一一指明了。从前秦朝的赵高，曾指鹿为马。我认为鹿和马，从动物的种类来比较，还有相似之处。但赵高又如何比得上裴延龄的能指有为无，指无为有。裴延龄的凶残荒诞，流毒布天下。上自公卿近臣，下至黎民百姓，都在吵吵嚷嚷地议论他。而成万上亿的人中，能够向陛下上奏的能有几人？我虽浅陋，位居宰相，激情于心，虽欲罢而不能沉默。"这充分显露出陆贽勇于进谏、直言国事的胆识。

唐德宗时，先是宰相窦参与左司郎中李巽不和，窦参将他排挤出朝，贬为地方官。因此，二人便结下怨仇。后来到了贞元八年（792 年），窦参被罢免宰相，贬为郴州别驾。而李巽这时已调任湖南观察使，郴州正辖属于湖南，李巽为了报复，时时观察窦参的举动。机会果然来了，汴州节度使刘士宁赠送窦参绢帛五十匹，被李巽探知，便上奏唐德宗，说窦参私下交结藩镇将帅。而唐德宗对朝廷官员交结藩镇将帅十分敏感，于是在未经任何审讯的情况下，就要处斩窦参。

宰相陆贽认为窦参罪不当死，唐德宗尽管已免了窦参的死罪，但仍放心不下，又派宦官对陆贽说：“窦参与内外官员交结，居心难测。这事涉及国家安危，关系重大，你应尽快拿出处决他的意见。”唐德宗已把窦参的事看成危及国家、心怀异图的谋反问题。但陆贽对此事十分冷静、客观，上奏说：“窦参是朝廷大臣，就是杀他，也不可没有名义。从前，宰相刘晏被处死，因罪证不明白，到了今天，人们还在议论，愤愤不平。窦参贪赃纵欲的罪过，天下共知。至于说他心怀异谋，事情的真相还不清楚。如果不作审讯就加以重罪，恐会引起朝廷内外的震动。我与窦参没什么情谊，这是陛下知道的。我不是想救这个人，而是考虑到国家的大法不能滥用。”唐德宗听从陆贽的劝谏，只是再贬窦参为驩州司马，并把家中男女都发配到外地。

但是，事情到此，并未结束，唐德宗又命令陆贽处理窦参的同党。陆贽便直言对唐德宗说：“罪有为首与胁从之分，法有轻判和重判之别，窦参既被陛下宽免了，那么，他的亲信与同党也应从轻论处。况且，在窦参被判罪的时候，他的同党已连带受到审问。现在人心已安定，请不要再予追究。”唐德宗虽听从了陆贽的意见，不再深究同党，却又要没收窦参的财产。陆贽再次直言对唐德宗说：“根据法律，凡是叛逆者，全部没收其家财；贪赃者只追究其本人，而且必须证据确凿，才能结案定罪。现在窦参的罪名尚未确定，而且又蒙陛下宽免，如果再没收其家财，恐怕会因财物而伤害道义。”唐德宗又依从了陆贽的谏言。

第三节　知人善任

一、萧何慧眼识韩信

楚汉战争之初，萧何为汉丞相。他很留心为汉高祖刘邦收罗人才。韩信因在项羽那里不受重用，投奔刘邦，被任命为管理粮食物资的小官。后来，韩信进见丞相萧何，经过谈话，萧何认为韩信谈吐不俗，非常有才。于是又专门约他谈了几次，从天下大势谈到刘、项两家将来的命运，以及怎样才能够统一天下等等。萧何断定韩信是位出类拔萃的帅才，就在刘邦面前极力推荐。刘邦听了，不以为然，仍未重用韩信。

当时，刘邦被项羽封为汉王，封国在陕南秦、巴山区。而刘邦的将士大部分是江淮、徐州一带人，都不愿意到巴、蜀、汉中去。等到汉中以后，天天有士兵逃亡，急得刘邦吃不下饭，睡不着觉。就在这时，有人来报告，说萧丞相逃走了！这可把刘邦急坏了，立即派人去追。到了第三天早晨，萧何回来了。刘邦又喜又怒，责问他："你怎么也逃走?"萧何答道："我怎么敢逃！我是去追逃走的人。"刘邦怒气稍减。可当他知道萧何追的人是韩信，怒气又上来了，大骂："逃走的将军已经有十几个，你没追过谁，却去追一个小小的韩信!"萧何端容正色地说道："将军有的是，容易找。至于像韩信那样的人才，可以说找不着第二个。大王要是准备一辈子在汉中做王，那就用不着韩信；要是准备和项羽争夺天下，没有比韩信更合适的人才了。大王到底准备怎么办?"刘邦说："我当然要向东去。"萧何进一步说："大王一定要向东争夺中原，能重用韩信，他才肯留下来；不重用他，他还是要走的。"刘邦一向信任萧何，见他如此坚定地推荐韩信，沉思了一会儿说："就依丞相，封为将军。”萧何语气更加坚定地说：“封为将军，还是留不住。”刘邦问：“拜为大将军怎么样？”萧何兴奋地说：“这是大王的英明、国家的造化。”刘邦要马上召见韩信，拜为大将。萧何为了提高韩信的威望，皱了皱眉说：“大王向来不讲礼貌，怠慢臣下。而拜大将是十分庄重的事，不能像呼唤小孩子那样。大王既然决定拜韩信为大将，就应当建起一座拜将台，在上面举行隆重仪式。”刘邦说：“好，都照你说的办。”汉军准备拜大将的消息一传出，早年追随刘邦的几位主要将领都很兴奋，认为自己劳苦功高，自然是要拜为大将的。拜将那天，汉军将士发现新拜的大将军居然是韩信，无不吃惊。尽管如此，由于大王对待韩信礼仪隆重，军中也没有产生骚乱。

由此可见，萧何不但有知人之明，而且有荐才之能，思虑缜密，办事周到。楚汉战争的过程证明，破格重用韩信对汉军取得胜利，刘邦夺取天下起到了极重要的作用。

萧何和曹参是同乡，一起协助刘邦发动丰、沛起义，同为汉朝的开国元勋。在楚汉战争中，曹参随刘邦南征北战，而萧何则留守关中，两人交往减少。刘邦战胜项羽统一天下后，评定功臣名次，刘邦向着萧何，力排众议，把萧何评为第一功臣。战功卓著的曹参不服，与萧何争功，因此产生了隔阂。但萧何对此并不计较，在病逝前，汉惠帝看望他时，问道：“您百年之后，谁可继任为丞相？”萧何回答：“知臣莫如主。”汉惠帝说：“曹参怎么样？”萧何连连点头说：“陛下选对人了，我死后也没遗憾的！”

萧何不抱成见，不泄私愤，推举曹参为相，体现出优秀政治家以大局为重的风度。

二、丙吉临亡荐三人

汉宣帝五凤三年（前 55 年）春，丞相丙吉病危，汉宣帝亲自前往探视。他见丙吉病情沉重，忧心忡忡地问：“您一旦发生不测，谁可以接任做丞相。”丙吉感谢皇上的信任，推辞说：“群臣的品行和才能，圣明的君主都知道，我愚蠢，辨别不出高下。”汉宣帝再三询问，丙吉才叩头说：“西河郡守杜延年熟悉国家以往的制度，从前在朝中担任九卿之职十余年，现在治理西河郡，以能干闻名。廷尉于定国执法详明公平，凡所处理过的案件，案中人都认为不冤枉。太仆陈万年十分孝敬后母，为人敦厚。这三人的才能都在我之上，希望陛下加以考察。”

汉宣帝认为丙吉的推荐符合实际，同意考察任用他们。丙吉病逝以后，御史大夫黄霸继任丞相，汉宣帝征召西河郡守杜延年为御史大夫。杜延年因年事已高，请求退休。于是，汉宣帝让廷尉于定国代杜延年担任御史大夫。黄霸死后，任命于定国为丞相，太仆陈万年代于定国为御史大夫。他们在位都很称职，汉宣帝很称赞丙吉生前有知人之明。

三、善谋者举善断者

大唐创业宰相房玄龄，知人善任，独具慧眼，对人才有很强的识别力。

唐李渊武德年间，杜如晦在秦王李世民的秦王府任一小官，为一般幕僚。后来，秦王府的幕僚陆续出府任外地官职。此时，房玄龄对李世民说：“其他幕僚出外任职均不足惜，至于杜如晦，是辅佐帝王之才。大王如要治理天下，非杜如晦不可。”李世民经房玄龄提醒，猛然大悟，说：“不是你的荐举，我几乎失去杜如晦。”李世民立即奏请唐高祖，把杜如晦继续留在秦王府。

李世民即位为帝，就是唐太宗。贞观二年（628 年），唐太宗任命杜如晦为宰相，与宰相房玄龄共同制订唐朝的典章制度。特别是隋末唐初战乱之后，纲纪废弛，法制破坏，房、杜两相拨乱反正，使唐朝初期的政治制度和统治秩序逐渐走上正轨，为贞观盛世的到来打下良好的基础。

房玄龄善谋，杜如晦善断，二人各自发挥其特长。唐太宗每与房玄龄商讨国家大事，房玄龄必定说："没有杜如晦不能决断。"等杜如晦到来后，最终又采用了房玄龄的决策。这是因为"房知杜之能断大事，杜知房之善建嘉谋"①。二人同朝辅政，配合得十分密切，深得唐太宗的信赖和崇敬，"甚获当代之誉，谈良相者，至今称房、杜焉"②。

四、朱敬则善荐人才

武则天长安三年（703 年），依桂州山林而居的仡佬族首领欧阳倩，带领数万人，攻占当地一些州县，扰乱一方。武则天想寻找一个精明强干的官员前往安抚。宰相朱敬则深知司封郎中裴怀古是文武全才，有智有谋，定能胜任，便推荐给武则天。于是，武则天任命裴怀古为桂州都督，兼任招慰讨击使。

裴怀古一到任，就深入桂州境内。一方面派人送去书信，讲明祸福利害关系，令欧阳倩迅速归降。另一方面准备亲自率领轻装骑兵，深入欧阳倩营地，以表达和平解决问题的诚意。裴怀古的行动，使左右侍从非常担心，纷纷劝说他不要亲自前往，理由是叛乱之人无信义可言，不能疏忽大意。但裴怀古不以为然，说："我依仗诚信，上可通神明，何况他们也是人！"于是进入欧阳倩的营寨，说明来意。这一行动，果然感动了欧阳倩及其部下，非常欣喜，不但归还了过去掠夺的财物，而且愿意归降。很快，裴怀古的真诚善意，像春风一般吹到其他山

① 《旧唐书》卷六六《杜如晦传》，第 2472 页。

② 《旧唐书》卷六六《杜如晦传》，第 2468 页。

寨，原先持观望、怀疑态度的仡佬人也被感召，前来归降。从此，岭南地区完全安定下来。

朱敬则当宰相，不太过问细小事务，把全部心思放在发现和推荐急需的人才上，除举荐裴怀古外，为皇帝起草诏书的机要秘书缺人，就举荐魏知古；记录皇帝日常言行的官员有缺，就举荐张思敬。这些人在任时都很称职，因而，武则天称赞朱敬则是一位知人善任的宰相，更被史书誉为“雅有知人之鉴”①。

五、宋璟明察秋毫

作为协助皇帝处理国家大事，掌管天下人才选拔任用的宰相，如果既熟悉某人某官的才能，又了解他的短处，既洞晓某人某官具有某方面的特殊才能，又清楚他的严重缺点，从而选择合适的职务加以委任，以求扬长避短，那么，他便是一位可称之为全面型的知人善任的宰相。在唐玄宗开元年间担任宰相的宋璟，大概可以算得上。

开元七年（719 年），宋璟曾向唐玄宗推荐了一批长处和短处相伴一身的人物：“括州员外司马李邕、仪州司马郑勉，都是有才能有谋略的贬职官员，文学上很有成就，但他们的性格不平和，好拨弄是非。所以，如果一下子提拔为高官，必然会生出罪责，如果长期抛弃，就可惜了人才，可以分别任命为渝州刺史和硖州刺史。大理卿元行冲向来为人们所称赞，说是既有才能又有品行，刚上任时，确实符合大家所说的；一旦具体处理法律案件，审讯刑事罪犯，很不称职，还是让他发挥饱读诗书、精通文史的才能，仍然担任左散骑常侍之职，做陛下的文化顾问，让明断是非的李朝隐代替他为大理卿。陆象先熟

① 《旧唐书》卷九〇《朱敬则传》，第 2915 页。

悉政体，宽不容非，是管理东都洛阳的最佳人选，请任命他为河南府尹。”唐玄宗对宋璟所做的评议都很信服，一一听从。

第四节 廉洁自律

一、公孙弘节俭有深意

汉代的公孙弘做官提倡节俭，而在任丞相时，更是廉洁自律，带头节俭。他一天只吃一顿肉，不吃精粮，吃的是粗粮淡饭，用麻布做被子。俸禄丰厚，却都用来供养宾客，家中没有余财。这种做法与汉武帝时期奢华浪费的社会风气格格不入，而这种风气又是由汉武帝带头兴起的。所以，当时有人认为这是虚伪的行为，是为了沽名钓誉，便向汉武帝做了报告。汉武帝因奢侈惯了，对如此节俭，也感吃惊，就问公孙弘有没有这种事。公孙弘巧妙地回答说：“有这种事。以丞相的地位，用麻布做被子，实在让人感觉有些粉饰虚伪，所以，有人猜测是我要以此博取美名。我听说管仲在齐国为相，娶了三房妻子，生活奢侈得可以和国君相比，而齐桓公却在管仲的辅佐下称霸诸侯。这是相国的生活僭越国君。齐景公的相国晏婴，一天不吃两次肉，妻妾不穿丝绸衣服，而齐国也得到治理。这是相国的生活与百姓的相近。汉武帝听了，认为他有廉洁自律的美德。

二、魏征廉洁之风传家

唐太宗贞观时的宰相魏征，一生为官，清正廉洁，一身正气，不图私利。所以，贵为宰相多年，住宅居室却无正室。在他病重期间，唐太宗前往探视时才发现，于是撤下原本打算建造一座小宫殿的材料，花五天工夫，为魏征建起正室。而且唐太宗在赏赐起卧用具时，也是粗布被褥之类，以求不违背魏征崇尚朴素之志。魏征病逝后，唐太宗派给羽葆鼓吹、班剑四十人，赠给绢布一千段、米粟一千石，葬礼是按一品官的办理，而魏征生前的最高官职为三品。灵车将要启动时，魏征的妻子裴氏说："魏征平生节俭朴素，现在使用一品官的礼仪，送葬的仪仗乐队太隆重，不合亡者生前之志。"全部辞掉，最后用布幔围裹的车子运载灵柩，没有一点华彩装饰。

三、郝处俊朴素之风感人

宰相郝处俊一生节俭朴素，不管是出京为帅，入朝为相，还是赴衙为公，居家生活，都很质朴求实，不图浮虚华美，故其外在形象，甚至给人以土里土气的感觉。开耀元年（681年），郝处俊去世，唐高宗很伤感地对侍臣说："郝处俊忠诚正直，学识丰富。至于像雕饰服玩之类，人们虽知其无益，但一般人不能抑制私欲舍弃它，大都好尚奢侈。而郝处俊独能保持朴素，始终不渝。又看所写遗表，忧国忘家，他的逝世，深为可惜，让人伤神！"于是，唐高宗下令赠给绢布八百段、米粟八百石作为丧葬费，而且要求沿路官府在其家属护送灵柩回乡时供应丧事所需的人力物力。郝处俊的儿子郝北叟上表辞让赐赠的财物以及官办丧事的优待，唐高宗不准。宰相裴炎说："郝处俊临终前，我去看望，叮咛我说：'生前既没有对圣明之世做什么，死后又怎可烦人破费。我在瞑目之后，如果皇上降恩赐赠财物，以及运灵回乡、建造坟墓，都不要烦劳官府供应办理。'"唐高宗听了，为之赞叹，于是顺从郝处俊的遗愿。郝处俊不仅生前为官时能够廉洁自律，而且死后入土时也做到了。

四、宋璟正人先正己

亲朋故友之间的裙带关系是古代封建社会的一大特点，尤其是在官场上，上自皇帝，下至九品芝麻官，没有不利用这种关系的。所以，民间对此有一句形象的话：朝中有人好做官。不过，也有少数官吏能做到清廉守正，不徇私情，为古今的政府官员树立了典范榜样。其中，唐玄宗时的宰相宋璟就是一位。

开元七年（719 年），候选官员当中有一个叫宋元超的，在掌管天下官吏的人事关系、考评调职的吏部向人张扬说自己是宰相宋璟的叔父，希望借此得到优评选调。宋璟听说此事后，立即给吏部写一道批文，说："宋元超是与我宋璟为叔父，常住在罗城，并不多相见。我既不敢因为是长辈就隐瞒不认，也不愿意因为是亲戚而损害公事。先前没有声明此事，自是依据选官条例，现在既已讲明，此事必须矫枉。请将他放回，不予选调。"

正因为宋璟能严于律己，以身作则，不搞裙带关系，所以，在唐睿宗朝和唐玄宗朝两次任相期间，选拔官员，公平有序，并革除弊端，改革吏治，大受当时人的好评。

五、姚崇遗书训子孙

开元二年（714 年），宰相姚崇派魏知古去东都洛阳主持选拔官吏的事务。魏知古曾被姚崇引荐为宰相，而姚崇的两个儿子这时都在东都任职。他们依仗着父亲对魏知古有恩，便以私情干预选拔官吏之事。魏知古返回西京长安，向唐玄宗反映了这一情况。于是，唐玄宗向姚崇询问起他的儿子。姚崇说："我有三个儿子，两个在东都，他俩为人多欲望而不谨慎。这次，一定是干扰了魏知古的公事，只是还没来得及询问。"唐玄宗开始以为姚崇一定会袒护自己的儿子，但听了姚崇的话后，非常高兴地问："您是怎么知道的?"姚崇说："先前我曾帮助过魏知古，而我的儿子又愚蠢，认为魏知古一定对我感恩，会容许他们过问选官事务，故而胆大妄为。"唐玄宗听他这么一说，认为姚崇是无私的。

开元四年（716 年），姚崇已做宰相数年，却没有个人私宅，而是寄住在一个叫罔极寺的寺院里。有一阵，姚崇病了，请假休养。但每有重大事务，唐玄宗还是要派另一宰相源乾曜前往姚崇住处与其商量。源乾曜觉得很不方便，就奏请唐玄宗，让姚崇迁入中书省的四方馆居住，并允许家属也住进来侍候，唐玄宗表示同意。而姚崇认为四方馆是政府机关，放着重要文书，不应是病人居住之地，坚持不迁。

开元九年（721 年），姚崇临终前，把田园财产平均分给儿子、侄儿，让他们谨守本分。又将自己对知足、律己的认识及其生活经验总结一番，写成遗训，告诫子孙，大略是说："古人曾说，富贵，是人招怨的根由。贵达了，神忌其满，人恶其上；富豪了，鬼窥视其室，贼谋算其财。所以，范蠡、疏广之辈，知止足之分，前代史书，多有记载。我贵至宰相，备受荣宠，官位越高而更恐惧，受恩越厚而增忧心。往年在中书省为相，得病而虚弱疲惫，虽整日不懈怠，但各种事务，还是多有未办。于是推荐贤才，取代自己，多次请求，幸蒙批准。优游田园，纵情山水，人生一世，这就足了。近来看到许多达官贵人去世之后，子孙失去依靠，大都沦落贫寒，一斗粮、一尺布的遗产，都要你争我夺。既失身份，又辱祖先，无论谁是谁非，都要受到嗤笑。庄园田林，水渠磨碾，这些大好遗产，为整个家族共有，切不可相互推诿，不去经营，甚至达到荒废的程度。陆贾、石苞都是古代的贤达人士，他们之所以预先将财产分配好，也是为防止后代子孙纷争。我静静思考了这种做法，深深为之叹服。这是第一点。古时，孔子是圣人，母亲的坟墓毁坏而不整修；梁鸿是大贤，父亲死后用席一卷而埋葬。前代的杨震、赵咨、卢植、张奂等都是当时的英明人物，通识古今，全都留有遗言，嘱咐要薄葬。有的将穿过的衣服洗洗作为葬服，有的下葬时只穿单薄的帛衣，戴一小幅头巾。他们懂得人死无知，尸体速朽。子孙都遵守遗命，至今还受到好评。凡厚葬之家，都不是明智的，拘泥于庸俗恶习，不察阴间和人间之别，都把奢侈厚葬当做忠孝，把俭朴薄葬看做吝惜，以致使死者因被盗墓而遭受暴露尸骨之酷，从而使活着的人陷于不忠不孝。这实在令人痛惜啊！死者无知，如同粪土，何必烦劳厚葬，损伤平生功业。我死之后，用日常服装入殓，四季之衣，各有一套即可。我生性很不喜欢官服礼帽，一定不可带入棺材坟墓，希望你们不要违背我的这个遗愿。这是第二点。后秦姚兴建造佛寺，竭尽国库，而姚兴个人的性命没有延长，国家也随之灭亡。又北齐横跨中原，北周占据关中，北周尽量革除佛法而修整军队，北齐广泛设置寺院而依凭佛力。等到一交战，北齐灭亡，国家既已不存，佛寺又为谁有？梁武帝以皇帝之身为僧，胡太后使六宫之人入佛，不仅自身被杀名声受辱，还都使国破家亡。近世，中宗皇帝派使者赎物放生，倾国家之力建造佛寺，太平公主、武三思、韦皇后、张夫人等都度人为僧，出钱造寺，也都不免被杀毁家，为天下人所笑。佛经上说：'求长命得长命，求富贵得富贵。'近年来，有哪一个笃信佛教而富贵长寿的？人活着时容易知道事物，尚见不到有什么富贵长寿的应验，人死以后无知无觉，有谁能做验证？上古的三王时代，国运长久，那时的臣民彭祖、老聃等，都享高寿，可那时并没有佛教，难道这是抄佛经铸佛像的力量吗？也是设置斋饭施舍财物的功德吗？佛教之义，在乎人心，只要平等慈悲，行善不行恶，佛教之道就全备了。何必沉溺于俗说，迷惑于庸僧，却将佛经当做实录，抄经画像，倾家荡产，甚至舍身在所不惜，可说是大惑。也有为亡人造像，名为追福，其实，功德需发自内心，从旁帮助，哪能获报？相互欺骗，渐成陋习，损耗活着的人，无益于死者。生死是常事，自古不能免，所造佛教经像，对此能有什么作用？我死之后，不得使用这种弊法，做无益之枉事，也不得妄自拿出财物，徇追福之虚谈。这是第三点。道士见僧人获利，也效法僧人的所作所为，你们切不可拘泥于俗人陋习，而将他们引入家中。最后，在你们死的时候，也要教你们的子孙遵守我的遗训。”这些告诫子孙的肺腑之言，是姚崇生前做官为人注重实际、力戒浮虚的充分反映，也表现了其廉洁自律的精神面貌。

六、杨绾清廉正世风

唐代宗时期的宰相杨绾，为人以品德操行闻名，为官以清廉正直著称，所以，担任宰相仅几个月，长安城里的奢侈之风为之一变，使一些豪华生活的大官僚趋向节俭。御史中丞崔宽是剑南西川节度使崔宁的弟弟，家财丰富，有一座别墅在皇城之南，池馆台榭，为当时长安城中第一。可就在杨绾为相的当日，崔宽即悄悄派人拆掉。中书令郭子仪为唐代中兴第一功臣，当时在邠州行营，听说杨绾担任宰相，将平日在酒席宴会上表演歌舞音乐的人员减撤了五分之四。京兆尹黎干因承受皇上恩宠，所以，平日在长安城里，每当出入时，骑马护从的人员就有一百多，前呼后拥，大摆威风，也是杨绾任相之日，立即减少了随从人员，只留十名骑士而已。其他望风改奢为俭的人还有许多。

杨绾以身作则、廉洁自律的作风，对改变当时官僚生活的奢侈风气所产生的影响非常之大，令人称道不已。

七、陆贽自律不动摇

唐德宗时的宰相陆贽，从初入仕即清廉守正、严于律己，不接受任何人和任何形式的馈赠之物，终身不渝，在当时的官场上实所少见。

唐代宗末年，陆贽任华阴县尉，任期届满，东归苏州探亲。路过寿州，而任刺史的张镒在当时很有名望，与陆贽交谈后大为称赞，请结为忘年交。临别时，张镒赠送一百万钱，说是作为陆贽母亲的生活补助费。陆贽坚决不接受。建中四年(783年)，因发生泾师之变，陆贽随唐德宗避难先至奉天，后又至汉中。这时，作为唐德宗最得力的政治谋士，陆贽被称为“内相”，备受信任。所以，至贞元初年（785年），在陆贽母亲逝世后，各藩镇将帅纷纷赠送钱财礼物，作为丧葬费用，他一无所取，全部退回。

贞元八年（792年），陆贽担任宰相以后，更是以身作则，廉洁律己，即使是唐德宗劝他适当收受一些小礼物时，也不为所动。有一次，唐德宗专门派宦官私下对陆贽说：“您清廉谨慎得太过分了，对各镇节帅的馈赠礼物一概拒绝不收，恐怕于事于情不够通达，例如鞭、靴之类的小物，接受了也没什么害处。”陆贽于是上奏说：“根据大唐律条，主管国家财物的人受贿，即使一尺之布，也用严刑处罚。就是一般士人小吏，尚且应当严禁受贿，何况居宰相之位，为风化之首的人，反而可以通行吗？贿赂之门，一旦打开，辗转行贿，越来越重，鞭、靴之类，不能制止，金银珠玉，随后必来。眼睛瞅着受贿之物，自己心里怎能不起欲望，既已与人交结私情，怎能中途拒绝他的拜谒。所以，涓涓细流不断绝，涨满涧溪会成灾。另外，如果有的收下，有的退回，那么，被退回礼物的人会怀疑是故意拒绝他而不愿沟通关系。如果全部推掉不接受，那么，大家都知道不接受礼物的人的所作所为通常就是这样，也不以为怪了。”于是，仍然不收那些所谓的小礼物，保持高度警觉，杜绝无穷后患。又有一次，魏博节度使田绪派人进京，奏请唐德宗希望让陆贽为其父田承嗣撰写遗爱碑文，并奉上绢两千匹、马一匹及马鞍作为报酬。唐德宗同意了，命陆贽撰写碑文并收下礼物。陆贽受命后半年，还不能下笔，便向唐德宗申述理由说：“田承嗣以武力抗拒朝廷，无恶不作，竟然逃避了朝廷的诛杀，以全尸葬于地下，这是先帝愧恨、义士愤慨之事。如今田绪仍对朝廷不尊，竟要为其父立遗爱碑，作为臣子的我，心中实在气愤。承蒙陛下的大恩，我位居宰相，既未能匡助朝廷除奸，却又要为恶人撰文饰美，接纳其重贿，从而沿袭贪风，于情于理，实难接受，于事于人，不能勉强。所以，请陛下对田绪派来的人这样说：‘陆贽撰写碑文，是奉朝廷旨意，而不是因私人交情，故不能接受丰厚的礼物。等以后有了时间，再进行撰写。’既未说拒绝撰文，又可以不收贿赂。现在，我已让田绪派来的人把马、绢等物全部带回去了，不敢不报告此事。”

八、牛僧孺拒贿传佳话

长庆二年（822 年），山南西道节度使韩弘入朝任中书令。因韩弘先前任宣武节度使时，刻薄境内百姓，拥有私钱一百万贯、粮食三百万斛，以及其他许多财物，所以，朝中群臣对此多有议论攻击。于是，韩弘的儿子韩公武以丰厚的家财做后盾，大肆贿赂权贵幸臣和那些议论攻击的人，以堵其口。朝中的大小臣僚，都受到了馈赠。不久，韩弘、韩公武父子都死了，孙子幼小孤单，不能理家，唐穆宗害怕韩家的仆人趁机窃取财物，就派宦官到韩家，查阅韩家的财物登记账册，准备交由忠厚老诚的年长管家掌管。而在这个记录钱财出入的账册上，同时记有接受贿赂礼物之人的姓名住址，其中唯有牛僧孺名下用朱笔写着一行小字："某月某日，送给牛侍郎礼物若干，没有接受，全部退回。"唐穆宗看过账册，有感于牛僧孺不受贿，十分高兴，随后就提拔他为宰相。而牛僧孺在宰相位上，更保持着廉洁自律的美德。

第五节　处事果断

一、申屠嘉痛斥弄臣如雷霆

汉文帝曾梦见自己腾空而起，直上九霄，快挨着天时，力量用尽，再也上不去，恰巧来了个戴黄帽子的皇家御用水手黄头郎，托住自己的脚往上一推，这才登上天界。汉文帝非常高兴，朦胧中看见黄头郎的后衣有一个洞，正要喊他，被鸡声惊醒。第二天，汉文帝到未央宫巡视御用船只，派人将黄头郎全部召来，命令他们排着队从自己面前走过。汉文帝看见邓通的后衣有一个洞，正与梦中所见相合，而且姓邓（鄧），"鄧"字左边是个登字，便认为助自己登天的是这个人，所以将邓通提拔为侍臣。后来见他庸碌无能，也不见怪，反而日益宠爱。邓通虽然没有特殊的技能讨汉文帝欢心，但能始终不违圣意，所以，汉文帝赏赐给他的钱财，多到无法计算。有时汉文帝闲游，就顺便到邓通的家中休息，宴饮尽欢。

有一天，丞相申屠嘉入朝奏事，看见汉文帝身边歪歪斜斜地站着一个侍臣，就是邓通，毫无尊容。申屠嘉非常生气，一等说完公事，就指着邓通对汉文帝说："陛下如果宠爱侍臣，不妨让他富贵，至于朝廷的礼仪，不能不严格遵守！"汉文帝往旁边一看，见说的是邓通，怕申屠嘉指名弹劾，连忙说："您不要说了，我私下一定教训他。"申屠嘉回到相府以后，越想越生气，像邓通这样的佞臣，如果不加以惩戒，必然会影响朝廷风气。于是，派人召邓通到相府来。邓通听丞相召见他，知道没有好事，借故不肯前往。哪知一个差人刚走，一个差人又来，接连不断地传达丞相命令，如果邓通不去相府，就奏请皇上将他斩首。邓通惊慌失措，急忙入宫，哭着向汉文帝求救。汉文帝安慰他说："你暂且先去，我随后召你回宫就是了。"邓通只得前往相府。到了相府门前，早就有人等着，把他引进正厅，只见丞相申屠嘉整肃衣冠，高坐堂上，满脸怒气。邓通壮着胆子向前，摘下帽子，光着脚，跪伏在地上，叩头参见。申屠嘉也不还礼，厉声斥责道："朝廷是刘邦的朝廷，一切礼仪，无论什么人都应当遵守。你不过是一个小小的侍臣，竟敢擅自在殿廷上戏要，应判为大不敬罪，处以死刑！"说到这里，环视府吏，连声喝道："将邓通推出斩首！"府吏随声应和，但没有人上前动手，只是给丞相助威，恫吓邓通。而邓通早吓得抖成一团，一个劲地向申屠嘉磕头，如同捣蒜，盼望汉文帝赶快派使者来救自己。邓通的额头已经磕得鲜血直流，申屠嘉还是用力拍着案子，说一定要绑出斩首。这时，有人报告皇上的使者来了。申屠嘉将使者迎入相府，使者传达汉文帝的旨意："邓通不过是我的弄臣，希望丞相饶他死罪。"申屠嘉接到圣旨，才将邓通释放，但还要告诫说："以后如果再放肆，即使皇上赦免你，我也不会饶的。"邓通连连答应。使者辞别申屠嘉，带邓通入宫。邓通见了汉文帝，悲戚戚地说："我几乎被丞相杀了。"汉文帝见他面目红肿，一边召来御医敷药治伤，一边叮嘱往后不可冲撞丞相。此后，邓通不敢再失礼。

二、苏良嗣惩治幸臣似疾风

武则天的男宠薛怀义，原本是个无赖，却在一夜之间，变成了新贵，连武则天的侄子武承嗣、武三思，也都像僮仆似的敬重服侍他。当薛怀义有事出入时，为他牵马前行。垂拱二年(686 年）六月的一天，薛怀义竟跑到了宫城南面的政府机构所在地，又正巧在宰相办公的政事堂遇上宰相苏良嗣。薛怀义已习惯于文武百官对他点头哈腰，逢迎恭维，即使今天遇见的是宰相，也自恃身份特殊，未把苏良嗣放在眼里，趾高气扬，昂首而过。苏良嗣认为薛怀义对宰相这等无礼，就是对朝廷的无礼，对宰相如此蔑视，就是对国家的蔑视，如不加以惩处，无法振兴朝廷纲纪，怎能树立政府尊严。于是，大声喝令随从人员将薛怀义拽住，噼噼啪啪，就是一顿嘴巴，打得他眼冒金星，嘴脸乌青。最后，晕头昏脑、东摇西晃地逃入宫中，向武则天哭诉告状。武则天边安慰边劝告：“你应当从宫城北门进入后宫，宫城南面是宰相往来的地方，不要去触犯他们。”薛怀义也无可奈何，自认倒霉。而苏良嗣的果断之举，既维护了人格尊严，又净化了社会风气，受到了普遍赞扬。

三、李昭德处罚佞臣不手软

武则天做女皇后，将自己的第四个儿子李旦，即后来的睿宗封为皇嗣。她的侄子武承嗣也想做皇太子，以便将来继位为帝。而武则天有一阵子也有此意，所以，武承嗣暗中怂恿凤阁舍人张嘉福出面帮忙，而张嘉福找到洛阳城里的无赖王庆之，叫他带着几个轻薄恶少向武则天请愿，要求立武承嗣为皇太子。武则天未答应，王庆之使出癞皮狗的劲头，趴在地上不起来。武则天用好话劝慰他，并给了特别通行证，可以随时来见。此后，王庆之就三天两头带人前来纠缠，一下子把武则天惹烦了，命令宰相李昭德用棍杖打他一顿。李昭德将他拉出光政门外，当着众朝臣的面说：“这个狗贼想要废除我们的皇嗣，立武承嗣为太子。”喝令手下人把他按倒在地，用棍杖就是一顿猛打，流血满地而死。这一来，其他无赖同党吓得一哄而散，再也不敢闹了。于是，李昭德对武则天说："高宗是陛下的丈夫，皇嗣是陛下的儿子。陛下拥有天下，应当传给子孙，成万代大业，怎能以侄子为继承人啊？自古以来，没听说侄子做皇帝而为姑母立宗庙的！况且，陛下是受高宗重托，监护天下，如果把天下传给武承嗣，那么，生活在天府的高宗，将不能再享用陛下及儿子的祭祀品了。"武则天猛醒，彻底打消了立武承嗣为继承人的念头。而武承嗣想做皇太子的梦破灭后，郁郁寡欢，伤心而死。

在武则天时期，阿谀谄媚的人，大都被朝廷任用。于是，有些人为了向上爬，不惜假造天降吉祥之物献上朝廷，以图求得一官半职。一次，有人在洛河里捞到一块白色石头，石面上有几个红点，便拿到朝廷。宰相们问他拿这石头来干什么？他说："这块石头有赤诚之心，所以拿来进献。"李昭德斥责说："这块石头有赤诚之心，洛河里的其他石头，难道都有反叛之心吗？"左右的人大笑，将那人轰了出去。

酷吏来俊臣出身微贱，得到武则天宠信后，便抛弃原配妻子，通过威胁利诱，强娶有名望家族的姑娘为妻，以此来抬高自己的身份地位。另一酷吏侯思止，竟然也学样子，奏请武则天要娶有名望家族的姑娘为妻，武则天指示宰相在政事堂商议此事。李昭德拍着手对其他宰相说："大为可笑！往年来俊臣逼娶好人家的女儿，已使朝廷大蒙耻辱。今日侯思止这个奴才又想强索大家闺女，难道还要羞辱一次朝廷吗？"侯思止的企图未能得逞，随后又被李昭德揭露罪行而处死。

四、姚崇艰拒贵臣不妥协

姚崇做宰相后，不仅处事果断，而且敢作敢为，尤其在对贵臣即那些皇亲国戚干扰政事的处理上，坚持原则，决不手软，打击了京城长安的政治邪气。

开元二年（714年）正月，唐玄宗的大哥薛王李隆业的舅父王仙童，依仗薛王的权势，任意侵夺百姓的土地和财物，被御史检举揭发。薛王感到事情不妙，拼命为其舅父说情，请予宽免。唐玄宗下令有关部门重新审理，姚崇坚定地对唐玄宗说："王仙童的罪状已很清楚，御史的检举揭发并无冤枉之处，不可对他放纵宽恕。"唐玄宗听从姚崇的意见，按法律惩办了王仙童，没有理睬薛王的求情。这件事影响重大，皇亲国戚干预朝政的歪风大为收敛。开元二年（714年）二月，唐玄宗的同胞弟弟申王李成义请求唐玄宗将自己府上的录事阎楚珪提升为王府参军，唐玄宗碍于情面，表示同意。但姚崇认为："我在以前曾得到陛下旨意，对王公、驸马的奏请，没有陛下亲笔写的手令，都不可批准。我认为根据才能授予官职，是主管部门的事。如果因为亲戚故旧关系，把朝廷官爵作为恩惠相赠，这就和中宗时滥用官吏之弊没有区别，结果只是紊乱了朝廷制度。"唐玄宗觉得姚崇的话很有道理，便收回成命。这件事在当时产生了良好效应，此后，皇亲国戚的请托之风不再盛行。

五、郑馀庆拍案斥奸吏

元和初年（806年），中书省有个小吏叫滑涣，长期管理设在中书省的宰相议事之处政事堂中的文书档案，与掌管京城禁军的大宦官刘光琦相互勾结，关系亲密。凡宰相商议之事，有不符合自己心意的，就派人去见刘光琦讲情，没有不获得通过的。宰相杜佑、郑絪都姑息他，好言好语相待。杜佑甚至在私下里用滑涣在家族中的排行称呼他为滑八，表示亲昵。所以，滑涣由一个小小吏员竟变成呼风唤雨式的人物，贿赂他的钱财礼品，源源不断地送上门来。滑涣的弟弟滑泳也因缘做官而升至刺史。郑馀庆任宰相后，每当进入中书省政事堂议事时，滑涣一如既往，当着宰相们的面指陈是非，说东道西。郑馀庆拍案而起，怒斥他凌驾宰相之上，指手画脚，喝令滚出去。郑馀庆的果敢举动，不仅使在场的人吃惊，也惊动了唐宪宗，于是命人搜查，起获滑涣所得赃物。滑涣先被贬斥，后被处死。

六、李德裕废佛不留情

唐代佛教盛行，佛寺日增，僧尼日众。佛教寺院拥有大量土地，从不纳税，僧侣也不服役。因此，寺院经济的庞大，损害了国家财政收入。至唐武宗时，又因讨伐昭义叛镇，军事上急需要钱财，更彰显出寺院经济与国家财政收入不足的矛盾。于是在宰相李德裕的倡导和主持下，发动了一次声势浩大的废佛运动。这次行动，既果断迅速，又有序进行。首先由祠部对佛教寺院、僧尼数量做了全面、认真的调查。随后，由唐武宗下令，西京长安、东京洛阳的左右两街各留两座佛寺，每座佛寺留住和尚三十人；全国各州的治所只留佛寺一座，大体分为三等：上等佛寺留住和尚二十人，中等佛寺留住和尚十人，下等佛寺留住和尚五人。其余佛寺限期拆毁，并派遣御史分道监督执行。会昌五年（845 年）八月，唐武宗又下诏，向天下宣告佛寺的种种弊端，开导百姓的思想，统一人们的认识，为大规模拆毁佛寺制造声势。紧接着就是废佛的具体行动。首先拆毁私建的小佛寺四万座，继而拆毁寺院四千六百座，并没收寺院所属良田数千万顷，命令非法出家的和尚、尼姑还俗为平民百姓，达到二十六万多人，还释放在寺院服杂役的奴婢十五万人。为使拆下来的寺院材料得到充分利用，凡各种木材和砖瓦，都用来修缮官府屋舍和驿馆客房；铜像和铜盘，熔化后铸成钱币；铁像熔化，铸成农具；金银佛像，均上交国库。

这次打击佛教，使僧尼惊恐万状，东奔西逃。五台山的和尚大多逃亡幽州。对这些游僧，李德裕毫不留情，召见幽州的进京奏事官员，明白指示："回去告诉你们的节度使，五台山的和尚充当将领一定不如幽州将领，五台山的和尚作为士卒也不如幽州士卒。你们为什么要戴一个容纳游僧的恶名，受到大家的指责！"幽州节度使得到李德裕的指示后，把封好的两把刀交给居庸关守将，命令他们如发现有出入幽州的游僧，一律处斩！这一严厉措施使游僧处境更加困难了，有许多游僧只得返回乡里。

废佛运动使朝中一些人士颇感震惊，如主客郎中韦博就认为搞过火了，李德裕不仅不为所动，还果断地把他调遣出京。

这次废佛运动的结果，不仅省去修建佛寺的大量资金，减少社会财物浪费，还使二十多万的僧侣还俗，大大减轻农民对寺院的负担。按当时的生产水平，四五个农民生产的东西，才够养活一个和尚。再加上这些还俗的和尚可以重新成为国家的纳税人口，使国家的财政收入有所增加。由于没收寺院良田数千万顷，又可以使大量的还俗和尚像农民一样从事农业生产，对农业的发展也极为有利。

第六节　深明大体

一、陈平洞悉宰相职责

汉文帝即位后，右丞相陈平认为周勃在诛杀诸吕过程中，功劳比自己高，想把右丞相之职让给周勃，便借口有病，不上朝理事。汉文帝感到奇怪，就问是什么原因，陈平诚恳地向汉文帝解释："在刘邦时期，周勃的功劳不如我；待到消灭诸吕时，我的功劳不如周勃。我愿将右丞相之职让给周勃。"汉文帝称赞陈平谦让，认为周勃老成持重，便同意了。于是任命周勃为右丞相，陈平为左丞相，位置在周勃之下。

汉文帝勤于国事，各种政务，亲自过问。有一天，他突然问右丞相周勃："国家一年处理多少案件？"周勃茫然不知，支吾了半晌才说："我不知道。"汉文帝又问："天下一年的钱财粮食收支是多少？"周勃还是答不上来，急得汗流浃背。汉文帝有点不高兴，转而询问左丞相陈平。陈平应声答道："各种事务都有主管的官员。"汉文帝又问："谁主其事？"陈平从容答道："陛下要知道决狱断案的事，请问廷尉；要了解钱粮之事，请问治粟内史。"汉文帝听后，责问道："既然有主管各种事务的官员，那么，你又是管什么事呢？"陈平答道："主管文武百官。陛下不嫌我迟钝无能，使我位居宰相。所谓宰相，就是对上辅佐天子理阴阳，顺应四季气候，对下培育万物之宜；对外镇抚四夷，对内亲附百姓，使群臣百官各称其职，各尽其责。这就是我所主之事。"汉文帝听了，拍着手说好。右丞相周勃满面羞惭地退下后，埋怨陈平说："您平时为什么不教我应对之辞，让我难堪。"陈平笑道："您位居首相，难道不了解自己的职责吗？在朝堂上对答，要深明大体，假如天子询问长安城里有多少小偷，您也硬要答出确切数字来吗？"周勃知道自己处理国家政务的能力远不如陈平，于是称病辞职。汉文帝也不挽留，就用陈平一人做丞相。

宰相的职责是辅佐君主，统领百官处理国家政务，各明其职，各负其责，协调上下，相辅相成。所以在日理万机中，必须洞晓大体，抓管大事，提纲挈领。这才是宰相应具有的高明的管理艺术。

二、丙吉深明宰相权责

汉宣帝时，丙吉担任丞相。有一天，他外出，正巧碰上刚发生过的一场斗殴，死伤的人还躺在路上。丙吉从旁边经过时看见了，却一点儿也不询问情况，随从者感到很奇怪。继续前行，看见一位农夫正赶着牛走，而牛吐出舌头气喘吁吁的。丙吉命令停下来，立刻派随从者去问农夫："赶着牛走了几里路？"随从者认为丞相对前后两件事的不问与问都不妥当，还用略带讥讽的口吻提出疑问。丙吉回答说："长安市民发生争斗，杀伤人命，属于长安县令和负责京城事务的最高行政长官京兆尹所应处理的事，他们会派人追捕凶手。每年的年底，丞相派人检查他们的政绩，评定优劣，然后奏报皇上，进行奖惩。丞相不亲自处理小事，所以不应该在路上过问斗殴事件。现在正值阳春三月，还不太热，我看见农夫赶牛，估计牛没走太远的路，却因炎热而喘气。如果是这样，那就是节令反常了，担心会损害农业生产。丞相负责调和阴阳，职责所在，应该忧虑，所以我派人去询问。"随从者听了很服气，知道丙吉作为丞相，在处理政务上是识大体的。

丙吉在施政上崇尚宽大，丞相府的属官们犯了错误，或者不很称职，就让他们请长假离职，始终不予深究。有宾客对丙吉说："您作为大汉丞相，相府里奸诈的小官吏谋取私利，触犯法纪，为什么不惩治呢？"丙吉说："我认为丞相府一旦得了喜好追查惩办属官的名声，是不太好的。还是让他们离职，自我改正过错为好。"丙吉宽待下人，对属下官吏，尽可能地掩过扬善，少惩罚，多奖励。有个给丙吉驾车的小吏爱喝酒，多次因喝酒而耽误驾车。有一次，他驾车随丙吉外出，醉得吐了一车。在相府中负责百官奏事的官员打报告给丙吉，准备把他赶走，丙吉说："因为醉酒呕吐的一点小过失就让离开相府，他到何处安身呢？你就忍耐一下，不过是把丞相坐车上的垫子弄脏了，不是什么大事。"于是没有赶他走。这位驾车人早先生活在边地，熟悉边境上的守军派遣勇士奔驰报告警备这套制度。有一次外出，他看见传递文书的骑士身上挂着红白相间的

丙吉肖像

口袋，知道是边境上的守军派遣勇士来京城送紧急情报，就跟随骑士到有关部门打探，了解到匈奴派兵侵扰云中、代郡。他立即赶回丞相府向丙吉报告，并提出建议说："恐怕匈奴这次所侵扰的边地，在郡县官吏中有因为年老、生病而不能胜任军事行动的，可以先检查一下，做个准备。"丙吉认为他说得对，随即命人查出云中、代郡两地官吏的有关情况。

不久，汉宣帝召见丞相和御史大夫，询问匈奴所侵入边地的官吏情况，丙吉回答得清清楚楚。御史大夫在仓促之间说得不全面，受到汉宣帝的责备。汉宣帝又夸奖丙吉忧虑边患，不忘职责。

事后，丙吉感触很深地对属官们说："人没有不可宽容的，识大体，才能各有所长。假如我不是先听从驾车人的劝告，又哪会有皇上夸奖我勤于职守呢？"从此，属官们更加佩服丙吉明大理的宽阔胸怀。

三、杜黄裳辩证认识勤与逸

元和元年（806年），唐宪宗有一次和宰相讨论治国之道时，提出一个问题："自古帝王，有的勤劳政事，有的无为而治。他们各有得失，究竟如何做才好呢？"宰相杜黄裳对唐宪宗说："作为帝王，对上承受天地和国家的使命，对下负担抚育百姓和周边民族的重任，应昼夜忧劳，不可一日自图清闲。但是，君与臣各有职分，君臣的纲纪也各有序。如果君主慎重选拔贤才，委以重任，有功就赏，有罪就罚，出于公心，讲求信用，那么，人臣哪个不尽力？有什么事做不成？明智的君主在寻找贤能人才的时候是辛劳的，可一旦求得贤能的人才，并委以重任，君主就开始安逸了。这就是虞舜所以无为而治的道理。"

杜黄裳作为宰相，可谓深明大体。他把勤劳政事与无为而治辩证地统一起来，从而做出正确的分析：一方面，君主不能自图清闲，须勤劳政事；一方面，君主必须选才任能，使他们辅佐自己治理国家。二者之间，各尽其职，相互负责，相辅相成，事半功倍。

第五章

文化建树

第一节　文笔领风骚

一、豪杰诗人

南北朝时期，在文学领域，尤其是诗歌创作，北方的文人总是以南方诗人的创作为楷模，至隋朝建立，这种情况基本未变。但是，宰相杨素的诗歌创作，却能打破这种局面，独树一帜。

杨素是个豪杰式的人物，心雄志大，文武全才，既能领兵打仗，处理政务，又能写作各体文章和创作各式文学作品，加上官高位显，具有不可一世的气概。所以，在当时文坛上，他自己也俨然以文坛领袖自居。就其现存的诗文作品看，创作成就主要表现在诗歌上，前人评其风格为“雄深雅健”。所以，从他创作的诗歌作品的总体情况来看，无论是写边塞题材，还是叙旧抒怀，都寄寓了一种人生的悲感，诗境苍凉老道。前者如《出塞二首》的第二首说：“汉虏未和亲，忧国不忧身。握手河梁上，穷涯北海滨。据鞍独怀古，慷慨感良臣。……雁飞南入汉，水流西咽秦。风霜久行役，河朔备艰辛。薄暮边声起，空飞胡骑尘。”[1] 慷慨报国之志，塞上苍凉之象，跃然纸上，感人肺腑。而后者如《赠薛播州诗》十四首，感慨良深，大凡时世变迁，朋友远谪，保身避祸的意念，刻骨铭心的缅怀，尽收笔底，“词气宏拔，风韵秀上，亦为一时盛作”[2]。其中的第十四首说：“衔悲向南浦，寒色黯沈沈。风起洞庭险，烟生云梦深。独飞时慕侣，寡和乍孤音。木落悲时暮，时暮感离心。离心多苦调，讵假雍门琴。”[3] 诗中贯穿着深沉悲凉的情思。总之，在当时还主要弥漫着绮丽萎靡的宫体诗风的氛围中，杨素作为一位生活在温柔富贵乡的达官贵人，诗歌创作上却能不苟流俗，一枝独秀，实在是难能可贵。虽然未能力矫文坛时弊，但由于他特殊的身份和地位，具有一定的导向能力，所以，还是将诗歌创作向健康的道路上推进了一步。

二、上官体

唐高宗在位初期，唐太宗朝的一批宫廷诗人都相继去世，于是又涌现出第二批宫廷诗人，他们的领袖人物是宰相上官仪。“高宗承贞观之后，天下无事。[上官] 仪独持国政，尝凌晨入朝，巡洛水堤，步月徐辔，咏诗曰：‘脉脉广川流，驱马入长洲。鹊飞山月曙，蝉噪野风秋。’音韵清亮，群公望之，犹神仙焉。”[4] 这就是上官仪的代表名作，开盛唐诗歌风韵的先河。诗人在清静开阔变为飞动热闹的景物画面中，自然地融

① 《先秦汉魏晋南北朝诗·隋诗》卷四，第 2675 页～第 2676 页，中华书局，1983 版。

② 《隋书》卷四八《杨素传》，第 1292 页。

③ 《先秦汉魏晋南北朝诗·隋诗》卷四，第 2678 页。

④ 《唐诗纪事》卷六《上官仪》，第 72 页，上海古籍出版社点校本，1987 年版。

入了个人承受皇恩、步入月下、揽马缓行、引喉长吟而志得意满的神态，创造了浑然圆融的意境。只可惜此等佳作在上官仪的诗歌创作中所占的分量太少，而大量的是内容空泛、缺少激情而又词藻华丽、对仗工整的应诏、奉和之作，是典型的宫廷诗。例如《早春桂林殿应诏》一首："步辇出披香，清歌临太液。晓树流莺满，春堤芳草积。风光翻露文，雪华上空碧。花蝶来未已，山光暖将夕。"① 描写了宫苑春景，语言上典雅华美，情感上味寡意浅，而中间两联的对仗，又显示出高超的艺术技巧。飞莺于树间鸣啭，堤岸上芳草茂密如堆积起来，描绘出了早春气象。而风吹翻转树叶之际，反射阳光炫耀眼目，残雪飞扬，似要返回碧空，又写出了新奇意象。这充分表现出诗人在观景状物上所具有的独特灵感和艺术才华。又据史书记载，上官仪是"以词采自达，工于五言诗，好以绮错婉媚为本。[上官] 仪既显贵，故当时多有效其体者，时人谓为上官体。"② 如《咏画障》一首："芳晨丽日桃花浦，珠帘翠帐凤凰楼。蔡女菱歌移锦缆，燕姬春望上琼钩。新妆漏影浮轻扇，冶袖飘香入浅流。未减行雨荆台下，自比凌波洛浦游。"③ 诗中用语，珠帘翠帐，金碧锦绣，可说是绮丽玲珑、婉转柔媚，正合史书所记。而这首诗又是七言八句体，从押韵、对仗、章法、结构上看，已经初具七言律诗的雏形。所以，"上官体"的风行，不仅是因为上官仪显贵一时，还在于所写的这类诗，适应当时诗歌艺术发展的大势。这类诗歌作品，着意刻画美丽的物象，讲究对仗和用典，追求音律上的和谐优美，诗体又精巧玲珑。在时代艺术风云的推动下，上官仪跃上了浪尖，表现

① 《全唐诗》卷四〇，第 505 页。

② 《旧唐书》卷八〇《上官仪传》，第 2743 页。

③ 《全唐诗》卷四〇，第 508 页。

出天赋才华，成为当时诗歌艺术发展方向的带路人。

上官仪既是诗歌艺术创作的实践者，又是诗学理论批评家。他提出“声病”学说，曾以法律用语打譬喻，说明在诗句中犯了上、去、入声的严重性，说：“犯上声是斩刑，去、入亦绞刑。”① 可见，犯了“声病”，就是对诗歌艺术的彻底破坏，相当于对人判了死刑。上官仪还深入细致地研究过对仗方法，提出了词语对仗的“六对”和诗句对偶的“八对”。从上官仪现存的诗歌作品来看，是积极地对这些艺术技巧进行了实践和创新，为南北朝以来诗歌艺术不断地趋于格律化提供了新式典范之作，是向后来沈佺期、宋之问式的律诗过渡的一座桥梁。

上官仪作为独领诗坛三十年的风雅盟主，开创了唐代诗歌史上第一个以个人命名的“上官体”，是对诗歌体制、声律、对仗等艺术环节研究与探索的结晶，为律诗的形成做出了贡献。

三、真才子

武则天后期至中宗时的诗坛盟主是宰相李峤，其诗在当时影响很大，“故事遵台阁，新诗冠宇宙”②，这是开元前期名相兼文坛领袖的张说对李峤写的两句赞诗。季峤的诗还及于国外，日本的嵯峨天皇就曾亲自抄写李峤的诗篇，至今在日本还保存着。

李峤大体上仍属于宫廷诗人，所以，作品大都是应制、奉和之类，内容上无甚可取，而艺术性却较高。尤其是在诗律上

① 《文镜秘府论》西卷《文二十八种病》，第 202 页，人民文学出版社点校本，1975 年版。

② 《五君咏五首》之三《李赵公峤》，《全唐诗》卷八六，第 934 页。

更是高手。当时在频繁的应制活动中，所写的诗都合乎格律，从而为“一时学者取法”，对律诗的最终形成和以后的发展成熟，起了很积极的作用。例如《甘露殿侍宴应制》：“月宇临丹地，云窗网碧纱。御筵陈桂醑，天酒酌榴花。水向浮桥直，城连禁苑斜。承恩恣欢赏，归路满烟霞。”[①] 又如《太平公主山亭侍宴应制》：“黄金瑞榜绛河隈，白玉仙舆紫禁来。碧树青岑云外耸，朱楼画阁水中开。龙舟下瞰鲛人室，羽节高临凤女台。遽惜欢娱歌吹晚，挥戈更却曜灵回。”[②] 前一首为五言律诗，后一首为七言律诗，都写得气势宏伟。尤其是声韵、词藻流丽，对仗、用典稳贴，在初唐律诗中，可以说是出类拔萃之作。

如果说李峤的诗作，上一类是没有什么思想性的，那么下一类则具有一定的思想内容，如《送李邕》：“落日荒郊外，风景正凄凄。离人席上起，征马路傍嘶。别酒倾壶赠，行书掩泪题。殷勤御沟水，从此各东西。”[③] 再如《饯骆四二首》的第一首：“平生何以乐，斗酒夜相逢。曲中惊别绪，醉里失愁容。星月悬秋汉，风霜入曙钟。明日临沟水，青山几万重。”[④] 这两首五律都是赠别友人之作，截取临别时在宴席上饮酒的场面，再对远处寥廓苍凉的景物加以渲染，点化出离愁别恨的主题，风格清新，语言自然，感情深切，读起来平易亲切，有回味余地，同时也未失去律诗的艺术特点，透露出李峤的真正才华。

李峤的古体诗作品留传下来的，在数量上特别少，而在质

---

① 《全唐诗》卷五八，第 692 页。

② 《全唐诗》卷六一，第 723 页。

③ 《全唐诗》卷五八，第 695 页。

④ 《全唐诗》卷五八，第 696 页。

量上却最高，如吊古伤今的《汾阴行》：“君不见昔日西京全盛时，汾阴后土亲祭祠。斋宫宿寝设储供，撞钟鸣鼓树羽旂。汉家五叶才且雄，宾延万灵朝九戎。柏梁赋诗高宴罢，诏书法驾幸河东。河东太守亲扫除，奉迎至尊导銮舆。五营夹道列容卫，三河纵观空里闾。回旌驻跸降灵场，焚香奠醑邀百祥。金鼎发色正焜煌，灵祇炜烨摅景光。埋玉陈牲礼神毕，举麾上马乘舆出。彼汾之曲嘉可游，木兰为楫桂为舟。棹歌微吟彩鹢浮，萧鼓哀鸣白云秋。欢娱宴洽赐群后，家家复除户牛酒。声明动天乐无有，千秋万岁南山寿。自从天子向秦关，玉辇金车不复还。珠帘羽扇长寂寞，鼎湖龙髯安可攀。千龄人事一朝空，四海为家此路穷。豪雄意气今何在，坛场宫馆尽蒿蓬。路逢故老长叹息，世事回环不可测。昔时青楼对歌舞，今日黄埃聚荆棘。山川满目泪沾衣，富贵荣华能几时。不见只今汾水上，唯有年年秋雁飞。”[①] 全诗采用夹叙夹议、叙事抒情相交融的手法，在诗的前半部分主要描写汉武帝全盛时祭祀汾阴后土的盛大威仪，语言典雅，景象庄重，再略作过渡后，即以饱满的感情抒写世事之沧桑变迁，人事之古今不同，极富感染力。这一点，从流传的一则故事也可以看出。天宝末年的一个春天，唐玄宗登上勤政楼，命梨园弟子演唱歌曲。有位歌伎唱这首诗，当唱到“山川满目泪沾衣”以下几句时，已是年迈老人的唐玄宗特别敏感，立即问是谁作的诗？侍臣回答：“李峤。”唐玄宗凄然泪下，说：“[李] 峤诚才子也!”等到安史之乱发生，唐玄宗逃出长安，前往四川时，半路登上白卫岭，远眺好长时间，随从歌伎再次唱起这首诗，唐玄宗于是又说：“[李] 峤诚才子也!”大宦官高力士等侍从人员，都掩面挥

① 《全唐诗》卷五七，第 689 页～第 690 页。

泪。[1] 可见这首诗的艺术感染力了。

四、大手笔

唐中宗和唐睿宗在位时间加起来不足十年，但由于皇亲国戚争权夺利斗争的激烈复杂，仅在长安城发生的政变就有好几次，至于朝臣倾轧、纲纪废弛、政治腐败等，更不待言。就在京城布满腥风血雨的情势下，而诗坛上却是一派歌舞升平的气象，应制之风大盛。御用的宫廷诗人们，不顾社会现实，既迎合皇帝，粉饰太平，又奉和权贵，歌功颂德，致使唐代诗歌创作大有倒退之势。幸而在随后到来的开元时期，由身兼宰相与诗人双重身份的张说等人扭转了这一趋势。张说的诗文创作，基本摆脱了徒为虚饰的宫廷文学陈习，具有感人的生气。由于他的政治地位高，既在创作实践中起到了表率作用，又喜欢提拔后辈作家，从而在他的号召和推动下，使得唐代诗文创作向着革旧创新的健康发展势头得以继续下去。而他本人，实际上也成为开元盛世文坛上的领袖人物。

张说在唐代国力空前强盛的开元时期出将入相，对于一个读书人来说，就是事业的极大成功。所以，在他的诗歌里，充分表现了一种以王霸大业自许的怀抱，充满了豪情自信的情调。如《巡边在河北作》一首诗："去年六月西河西，今年六月北河北。沙场碛路何为尔，重气轻生知许国。人生在世能几时，壮年征战发如丝。会待安边报明主，作颂封山也未迟。"[2] 显示出一位具有非凡才能的政治家的气度和文学家的风采。由于张说具有以建功立业来追求不朽人生的豪情，所以，在他的诗篇里，有许多是对各种杰出人物的歌颂，如《登九里台是樊

---

① 《唐诗纪事》卷一〇《李峤》，第 145 页～第 146 页。

② 《全唐诗》卷八六，第 940 页。

姬墓》《古泉驿》《过庾信宅》《奉和圣制过王濬墓应制》等，都是吟咏古时名人；《五君咏五首》则是颂扬本朝名相。这些诗对于古今人物壮举伟业的描写，是张说通过对他们的缅怀和钦慕，借以表达个人的理想抱负。在这方面，《邺都引》是最著名的代表作："君不见魏武草创争天禄，群雄睚眦相驰逐。昼携壮士破坚阵，夜接词人赋华屋。都邑缭绕西山阳，桑榆汗漫漳河曲。城郭为虚人代改，但有西园明月在。邺傍高冢多贵臣，娥眉曼睩共灰尘。试上铜台歌舞处，唯有秋风愁杀人。"① 由于直抒豪迈的情怀，这类诗的语言往往质朴直率，不加雕饰，风格上具有豪放爽朗的特点，已渐渐奏起盛唐诗歌的响亮音符。

张说的生活经历比较丰富，除在朝为官任相外，还数度出使南北，两次贬职外任，所以，写下不少山水佳作。这些诗不仅准确地描绘不同地区、季节的山水景物画面，而且善于真切地表现个人的不同生活境遇，从而形成个性化的意境。如《过蜀道山》诗："我行春三月，山中百花开。披林入峭蒨，攀登陟崔嵬。白云半峰起，清江出峡来。谁知高深意，缅邈心幽哉。"② 既展现出一幅动感很强的巴蜀山水画卷，又表现出一种抱负远大、情绪乐观的人生理想。又如《深渡驿》诗："旅泊青山夜，荒庭白露秋。洞房悬月影，高枕听江流。猿响寒岩树，萤飞古驿楼。他乡对摇落，并觉起离忧。"③ 把秋夜清凉、冷寂之境和旅途愁思、沦落失意之感，交融为一种清空旷远之境，有别于前一首的欢快情调和雄奇境界。再如《同赵侍御乾湖作》诗："江南湖水咽山川，春江溢入共湖连。气色纷沦横

① 《全唐诗》卷八六，第 940 页。

② 《全唐诗》卷八六，第 929 页。

③ 《全唐诗》卷八六，第 957 页。

罩海，波涛鼓怒上漫天。鳞宗壳族嬉为府，弋叟罛师利焉聚。敧帆侧柁弄风口，赴险临深绕湾浦。一湾一浦怅邅回，千曲千溠怳迷哉。乍见灵妃含笑往，复闻游女怨歌来。暑来寒往运洄洑，潭生水落移陵谷。云间坠翮散泥沙，波上浮查栖树木。昨暮飞霜下北津，今朝行雁渡南滨。处处沟泽清源竭，年年旧苇白头新。天地盈虚尚难保，人间倚伏何须道。秋月皛皛泛澄澜，冬景青青步纤草。念君宿昔观物变，安得踌躕不衰老。"[1]全诗景致宏大，气象开阔，生气勃勃，可谓"得江山之助"。

开元年间，也是盛唐诗歌创作的前期，五言律诗经过初唐诗人们的不断努力，已经相当成熟，作者多，佳作也多。而这个时期的七言律诗尚未成熟，作者少，佳作也少。张说除了写下大量而纯熟的五言律诗外，还写了许多七言律诗，再加上前面所引的已唱出盛唐之音的古体诗，可以说，他是当时诗坛上的多面手。七律如《侍宴隆庆池应制》："灵池月满直城隈，黻帐天临御路开。东沼初阳疑吐出，南山晓翠若浮来。鱼龙百戏纷容与，凫鹢双舟较溯洄，愿似金堤青草馥，长承瑶水白云杯。"[2] 写得精工典丽。七绝如《送梁六自洞庭山作》："巴陵一望洞庭秋，日见孤峰水上浮。闻道神仙不可接，心随湖水共悠悠。"[3] 触景发兴，寓意于景，却不露痕迹。像这样的佳作还有多首，可见张说对盛唐诗歌两种新体裁的形成和发展做出了贡献。另外，当时最新兴的排律，他也写过许多首。如《将赴朔方军应制》："礼乐逢明主，韬钤用老臣。恭凭神武策，远御鬼方人。供帐荣恩饯，山川喜诏巡。天文日月丽，朝赋管弦新。幼志传三略，衰材谢六钧。胆由忠作伴，心固道为邻。汉

① 《全唐诗》卷八六，第 940 页。
② 《全唐诗》卷八七，第 960 页。
③ 《全唐诗》卷八九，第 983 页。

保河南地，胡清塞北尘。连年大军后，不日小康辰。剑舞轻离别，歌酣忘苦辛。从来思博望，许国不谋身。”① 颇得时人的好评。

总之，张说的诗歌创作，表现了一种鲜明的英雄品格和一股旺盛的豪迈意气。从精神内涵上讲，正是盛唐诗歌的显著特点。而他对已成熟诗体的变革创新，对未成熟诗体的探索实践，又是唐代诗歌在体裁样式上走向全面兴盛的先导。考虑到他在政治舞台上的特殊地位，由此而在诗坛上所起的领袖作用，那么，他的诗作的意义就非同小可，既是迎接以长安为中心的盛唐诗歌，也是古代诗歌史上的最高峰到来的前奏曲。

《旧唐书》卷九七《张传》说：“［张说］前后三秉大政，掌文学之任凡三十年。为文俊丽，用思精密，朝廷大手笔，皆特承中旨撰述，天下词人，咸讽诵之。尤长于碑文、墓志，当代无能及者。”又《新唐书》卷一二五《苏颋传》说：“自景龙后，与张说以文章显，称望略等，故时号‘燕许大手笔’。”张说封燕国公，宰相苏颋封许国公。可见，就当时的实际情形看，张说的文章比诗歌更著名于世。例如他死后，唐玄宗派人到他家抄录他撰写的文章。又如宰相姚崇为了在死后得到张说写的碑文，临终前对其子面授机宜，终于如愿以偿。由此可见一斑。张说的文章，质实朴素，往往在俊爽的文字中展现出宏伟的气势。在写法上，骈散相间，以散为主，也开唐代散文创作由骈入散之先河。

南北朝的碑传文都是骈体，至初唐“四杰”仍大体承袭这种文风，铺叙郡望，美饰官阶，浮华不实。到了武后时期，有富嘉谟、吴少微两位作家撰写碑传文较有名，“皆以经典为本，

① 《全唐诗》卷八八，第 967 页。

时人钦慕之，文体一变，称为富吴体”[①]。再至开元时期，张说在碑传文的写作上更是开创了新局面，无论题材、文体，还是表现技法，都有所突破。而且，在描写对象上，既为地位显耀的贵臣名相撰碑，也给坎坷失意的寒儒小吏立传。所以受时代文风的影响，张说的碑传文还只是由骈转散的一个过渡，其碑传文大多还是骈体，但已经平易流畅，甚至有一部分可以上追汉魏散体，下开韩柳古文的先声。他自称撰写碑志“不敢假称虚善，附丽其迹”，而是遵照人物原貌叙述，逐渐摒弃履历表式的平淡罗列，所以，有一部分碑传文既写得平实朴素，又显得生动亲切。例如《宋公遗爱碑》一文，写的是名相宋璟，而且是写在宋璟还活着时。但文中的叙事确凿真实，评价恰如其分，很少浮夸饰美之言，读来亲切感人。又如《姚文贞公神道碑》一文，是为名相姚崇所撰。由于姚崇是一位“救时宰相”，在宰相位上的政绩最为突出，所以张说就紧紧扣住这一点，以简括的笔墨录其大事，评其大功，要言不烦。如果知道张说与姚崇有过很大的矛盾，曾被姚崇排挤出朝的话，就会对张说不怀芥蒂而秉笔实录的精神，感到难能可贵。张说在善于抓住人物一生事迹的突出之点的同时，还善于选择人物一生当中最富于特征的真实细节，由外貌、对话和动作显示其品格和个性。例如《太尉裴公神道碑》一文，先描写裴行俭少年时和朝中名臣的对话及其神态，表现其年少志高、好学不倦，以及对前途所充满的自信心。又通过一个小事件，描写他虽身居高位而不追究手下人员无意造成的宝物损坏，并予以温言宽慰，从而刻画出一位宽厚仁慈令人崇敬的儒将形象。

另外，张说撰写碑传文，也由于描写对象的不同而采用不同的笔法。例如郭元振既是出将入相的风云人物，又是因长期

① 《旧唐书》卷一九〇《文苑传》，第 5013 页。

任边将而富有传奇色彩的人物，于是在《兵部尚书代国公赠少保郭公行状》一文中，采取六朝志怪小说及唐代新兴文体传奇的某些写法。如对郭元振在担任安西大都护时所作所为就进行了一定程度的夸张、渲染，以突出他的威武神勇、胆识过人，"时乌质勒久恃众倨傲，不屈朝廷，纵兵远掠，道路不通。公以众寡不敌，难以力制，因率麾下数十骑，径入部落。乌质勒大出兵卫出迎，望见公威容端毅，风鬣若神，不觉屈膝，因而下拜。公宣国威命，抗声与语，自朝至暮，雪深尺余，竟不移足，质勒频拜伏。……质勒久立雪中，仓卒疾发，是夜暴卒"。又如在写他进军葱岭时，就出现了神化的场面和怪诞的细节，"河源上有大树，高千余尺……大军至日，有黄龙绕树，以口吐毒气而拒官军……公手书操檄文，令左拾遗张宣抗声读之，毕，黄龙解树而下，公率诸军诛之，数日方倒，聚而焚焉"①。颇具传奇色彩。

总之，张说能够根据叙述的人物对象的身份、性格、事迹的不同，创作出风格各异的碑传文，或渊懿朴茂，或雄浑奔放，或刚健朗畅，或朴素平实。但无论是哪一种风格，在刻画形象、描写故事、选取细节、抒发议论等方面，都能表现出较高的艺术手法，从而对继承古代的和创新唐代的作为独具一格的传记文学形式之一的碑传文，是有贡献的。

张说不愧是开元时期的大手笔，除以上所述碑传文外，在公牍文、应用文、应酬文等方面也有佳作，可谓众体皆备的一位作家。其中尤以序、记二体最具文学性。如《洛州张司马集序》："夫言者志之所之，文者物之相杂。然则心不可蕴，故发挥以形容；辞不可陋，故错综以润色。万象鼓舞，入有名之地；五音繁杂，出无声之境。非穷神体妙，其孰能与于此乎？

① 《全唐文》卷二三三，第1039页～第1040页。

洛州司马张公，名希元，中山人也。族高辰象，气壮河山。神作铜钩，天开金印。孝友内植，礼乐外滋。励行闺庭，乡人谓之曾子；飞名都邑，诸儒号曰圣童。下帷覃思，穿墙嗜古。蓬山芸观之书，群玉悬金之记，鲁宫藏篆，汲冢遗编，无不日览万言，暗识三箧。博学吞九流之要，处盈若虚；雄辩敌四海之锋，退藏于密。汉王问策，知帝者之师；楚子闻名，实诸侯之选。"① 由此文即可看出虽为骈体，却能运散体之势于骈体之中，句式整齐而不呆滞，用典精巧而不生僻，文词既有秀丽，又有夸张，绘声绘色，浑融自然。

五、词人称首

张九龄年轻时很受张说的器重，称誉"后来词人称首也"②。政治上又加以提拔，从而能很快地接近唐玄宗，并受到赏识。当时人既从文学角度赞其为"儒学之士"，又从政治角度赞其为"王佐之才"。至开元后期，担任宰相数年，又喜欢引进提拔能诗善文的俊杰，从而成为继张说之后的文坛领袖。

张九龄的诗文创作，在精神上既与张说有一脉相承之处，讴歌功名事业，展示政治抱负，以王霸之气，充实于作品，体现了盛唐文学的时代特征；也有自己的显著特色，即在诗歌创作中，更多地表现个人在穷达进退的时候保持高洁操守的人格理想，把仕与隐这一对矛盾和谐地统一起来，在积极追求功名事业的同时，毫不降低和损害自己人格，从而体现了盛唐文学的另一时代特征。

张九龄的诗歌作品，在艺术表现上是以兴寄为主，显得委婉蕴藉。如《感遇十二首》，就是运用芳草美人的意象来托物

① 《全唐文》卷二二五，第 1004 页～第 1005 页。

② 《旧唐书》卷九九《张九龄传》，第 3098 页。

言志，抒写个人所坚持信守的高尚品格和情操。第一首说："兰叶春葳蕤，桂华秋皎洁。欣欣此生意，自尔为佳节。谁知林栖者，闻风坐相悦。草木有本心，何求美人折。"[①] 全诗用兰草、桂树比喻贤明之人不随世俗、不屈己取悦于他人的人格美。第七首说："江南有丹橘，经冬犹绿林。岂伊地气暖，自有岁寒心。可以荐嘉客，奈何阻重深。运命唯所遇，循环不可寻。徒言树桃李，此木岂无阴。"[②] 全诗在屈原《橘颂》所赞美的独立不移之人格的喻意中，又增入积极济世的情怀，立意用心，更为丰厚。第八首说："永日徒离忧，临风怀蹇修。美人何处所，孤客空悠悠。青鸟跂不至，朱鳖谁云浮。夜分起踯躅，时逝曷淹留。"[③] 第九首说："抱影吟中夜，谁闻此叹息。美人适异方，庭树含幽色。白云愁不见，沧海飞无翼。凤凰一朝来，竹花斯可食。"[④] 这两首诗又以美人托喻，抒发怀恋朝廷之忠心和矢志不渝之操守。这一组《感遇》，颇合"风""骚"之情韵，雅正冲淡，委婉含蓄。

张九龄也写过大量的山水诗，歌颂和欣赏大好河山、秀丽景色，很少表现超尘出世的消极思想感情。因此，他的许多写景诗突破了前人多注重描写外貌、追求形似的表现手法，而在主客观的交融中大力加强抒情意味。例如《西江夜行》诗："遥夜人何在，澄潭月里行。悠悠天宇旷，切切故乡情。外物寂无扰，中流澹自清。念归林叶换，愁坐露华生。犹有汀洲鹤，宵分乍一鸣。"[⑤] 又如《望月怀远》诗："海上生明月，天

① 《全唐诗》卷四七，第 571 页。
② 《全唐诗》卷四七，第 572 页。
③ 《全唐诗》卷四七，第 572 页。
④ 《全唐诗》卷四七，第 572 页。
⑤ 《全唐诗》卷四九，第 605 页。

涯共此时。情人怨遥夜，竟夕起相思。灭烛怜光满，披衣觉露滋。不堪盈手赠，还寝梦佳期。”① 这两首描写月夜景致的诗，情韵隽永。诗中展现的澄澈袤美之夜景，处处渗透着婉约深长的情思，景色和意兴浑然一体。再如《耒阳溪夜行》诗：“乘夕棹归舟，缘源路转幽。月明看岭树，风静听溪流。岚气船间入，霜华衣上浮。猿声虽此夜，不是别家愁。”② 全诗几乎是在句句写景之中，融进了主观情思，显出一种闲静、恬淡、悠远的韵味。另外一部分山水诗是胸襟开阔、感情激昂、意境雄浑之作。例如《入庐山仰望瀑布水》诗：“绝顶有悬泉，喧喧出烟杪。不知几时岁，但见无昏晓。闪闪青崖落，鲜鲜白日皎。洒流湿行云，溅沫惊飞鸟。雷吼何喷薄，箭驰入窈窕。昔闻山下蒙，今乃林峦表。物情有诡激，坤元曷纷矫。默然置此去，变化谁能了。”③ 这几首诗都描写了动态中的景物，并极力加以渲染，致使物象既气势非凡，又神采飞扬，从中显示诗人的胸怀、抱负、激情、豪气，读来使人提神壮气。

综上所述，张九龄的山水诗作，可以看出两个明显的特征：一是融情于景，纯粹抒怀言志的诗句明显减少，达到了情景交融的境界；二是具有完整而阔大的气象以及感人的力度。张九龄在开元后期既是政坛上的名相，又是诗坛上的名家，所以，他的山水诗作品对于盛唐山水田园诗的促进勃兴及其派别的形成，有相当大的影响。

在诗歌体裁上，张九龄的创作不如张说的广泛，主要是写五言诗，七言很少。但在思想内容上，却较张说深刻，反映的社会面也比较广阔。

---

① 《全唐诗》卷四八，第 591 页。

② 《全唐诗》卷四八，第 589 页。

③ 《全唐诗》卷四七，第 573 页～第 574 页。

张九龄的文章，不如其诗出名。因为他写文章主要在于济时实用，所以，朴素切实之风有余，而豪放宏壮之气不足。但他毕竟是继燕、许二公之后的又一大手笔，所以，在文章的写作上，还是有一定成就的。例如以下两篇序文，夹叙夹议，亦景亦情，既具诗情，又有画意。《景龙观山亭集送密县高赞府序》："景龙东山，初主第也。始其置金榜，筑凤台，穷土木之功，极冈峦之势，议与磐石同体，造化较力，何其壮哉！高公乃振衣而起，举杯有属，却计送人，出长安之东道；退思征马，向洛阳之南阡。虽暂劳于州县，迫于簿领，方欲厌于承明，资其骞跃。夫如是，相知意气，何恨仳离，盍赋诗焉，以赠行者。"①

开元二十四年（736年），范阳节度使张守珪派遣部将安禄山率兵讨伐奚、契丹，结果损兵折将，大败而归。张守珪派人将安禄山押到京城，请求朝廷处置。当时任宰相的张九龄批示说："古代军事家司马穰苴处斩因违反军令的齐景公宠臣庄贾，孙武为了维护军纪而斩杀吴王爱姬，张守珪必要执行军令，安禄山就不可免死。"但是，唐玄宗认为安禄山有将才，下令只罢免其官职，仍遣回军中效命。张九龄于是上疏，仍坚持要求按军法处置，唐玄宗却说，这样做是"误害忠良"②，终于放回去。后至天宝十四载（755年），安禄山坐大，起兵反唐，唐玄宗被逼得逃往成都，想起此事，后悔不已，派人前往张九龄的故乡韶州，祭扫其坟墓，并下令追赠为司徒。虽然张九龄的上疏未被采纳，但所留下的《请诛安禄山疏》一文却为后人所欣赏，而它又最能代表其文章朴素切实的风格："今节度张守珪有部将安禄山，狼子野心，兽面逆毛，既非类而偷

① 《全唐文》卷二九〇，第1302页～第1303页。

② 《旧唐书》卷四九《张九龄传》，第3099页。

生，敢持勇以轻进，为贼败衄，挫我锐气。必正法乎军中，庶彰威于阃外。……列上其罪，留中不行，皆云杀此，将谓赦之？虽陛下之弘仁，恐奸徒之漏网。故穰苴出军，必诛庄贾；孙武教战，亦斩宫嫔。守珪所奏非虚，禄山不宜免死！况形相已逆，肝胆多邪，稍纵不诛，终生大乱。夫阳者发生之道，阴者肃杀之义。必肃杀而后能发生者，势也。苟秋肃不行，适为姑息之惠。欲发生而必须肃杀者，时也。惟春思欲遍，无存养奸之弊。系非细故，臣切大忧！是以率直犯颜，望行天怒，深听守珪之奏，立斩禄山之叛。斯逆一惩，底宁万邦，天下幸甚！国室幸甚！”行文上亦骈亦散，文字上简劲流畅，说理上义正词严，既表现出直言敢谏的精神，又体现了嫉恶如仇的性格，还显示出一个政治家的远见卓识。

六、骈文革新

六朝时期，盛行骈文，至唐朝中期，基本未变。但是，在不变的形式之中，还是有着内容上的变化。写作骈文，形式上是受多方面拘束的，因此，对于表达意思，常常采用间接迂回的方法。尤其是用骈文之体来写奏疏之类的文章，更需要反复论辩，以便能够打动人心。再加上声律、对偶、格调等等的限制，思想内容就更不容易发挥出来。所以，古代有文学评论家认为，奏疏之类的文章不宜用骈体来写。但是，唐德宗贞元时期的宰相陆贽，却将这个困难基本上解决了。

陆贽所写的骈文，主要有两类，一类是代皇帝写的赦令诏书，一类是向皇帝所上的奏疏谏书，而又以后者为主。他写的奏疏之文，语句工整，声韵铿锵，富有排宕偶俪之美，绝无呆板僵化之弊，陈情言事，无不畅达。这是受到当时方兴未艾的古文运动的影响。而古文运动对文章写作的要求主要是两点，一点是变骈为散，恢复秦汉时的散体文；另一点是言之有物，除去空泛辞藻，具有充沛气势。陆贽将后者运用于写作中，尤其是在奏疏中，行文平易自然，意思自由发挥。所以，虽是骈文，却因意真情笃，反复曲畅，气势充沛，而不易察觉排偶的痕迹。故而在他之前的骈文，大都不过是吟风弄月的作品，到了他的手里，骈文的内容大为扩充了，不仅可以抒情，可以叙事，也可以议论了。因此，陆贽对骈文的改造革新之功，在于使骈文的形式不变，而使骈文的性质、内容以及文气力度都已改观。

建中四年（783 年），发生了“泾师之变”，唐德宗逃到奉天县城，随后又被叛军围困起来，形势十分危急。陆贽向唐德宗建议，尽快颁布罪己诏书，向天下人道歉，收取民心，招来勤王之师。于是，唐德宗让人起草了一份诏书，陆贽阅后，认为太浮泛，如例行公事，在眼下这种非常时刻，是不能够打动人心的，必须诚心诚意，“悔过不得不深，引咎不得不尽”①，才能奏效。唐德宗就叫陆贽另外起草，并于第二年元旦向天下公布《奉天改元大赦制》。这篇罪己诏书，情词恳切，一味引咎自责而毫不掩饰，对个人的幼稚暗昧之处，一一数来，加以责备，痛斥叛臣的狂妄，哀怜百姓的艰难，使人们在感动之余，立刻生出同情之心和谅解之意，从而激发起慷慨报效之志。试看其中的一段：“致理兴化，必在推诚；忘己济人，不吝改过。朕嗣守丕构，君临万方，失守宗祧，越在草莽。不念率德，诚莫追于既往；永言思咎，期有复于将来。明征厥初，以示天下。……肆予小子，获缵鸿业，惧德不嗣，罔敢怠荒。然以长于深宫之中，暗于经国之务，积习易溺，居安忘危，不知稼穑之艰难，不察征戍之劳苦，泽靡下究，情不上通，事既壅隔，人怀疑阻，犹昧省己，遂用兴戎。征师四方，转饷千

① 《新唐书》卷一五七《陆贽传》，第 4920 页。

里，赋车籍马，远近骚然，行赍居送，众庶劳止。或一日屡交锋刃，或连年不解甲胄。祀奠乏主，室家靡依，生死流离，怨气凝结。力役不息，田莱多荒。暴命峻于诛求，疲甿空于杼轴。转死沟壑，离去乡闾，邑里丘墟，人烟断绝。天谴于上而朕不悟，人怨于下而朕不知，驯致乱阶，变兴都邑。贼臣乘衅，肆逆滔天，曾莫愧畏，敢行凌逼。万品失序，九庙震惊，上辱于祖宗，下负于黎庶。痛心靦貌，罪实在予，永言愧悼，若坠深谷。赖天地降佑，神人叶谋，将相竭诚，爪牙宣力，屏逐大盗，载张皇维。将宏永图，必布新令，朕晨兴夕惕，惟省前非。乃者公卿百僚，累抗章疏，猥以徽号，加于朕躬。固辞不获，俯遂舆议。昨因内省，良用矍然！体阴阳不测之谓神，与天地合德之谓圣，顾惟浅昧，非所宜当。文者所以成化，武者所以定乱，今化之不被，乱是用兴。岂可更徇群情，苟膺虚美，重余不德，只益怀惭！自今以后，中外所上书奏，不得更称'圣神文武'之号。"[①] 从中可以看出陆贽是多么地洞晓人情，通识时务。这一点，也有事实可以证明。平定叛乱之后，昭义军节度使李抱真进京朝见，当面对德宗说："陛下蒙难奉天时所下诏书，在本军向将士宣读后，无不感动得热泪长流，我当时见人情如此，就知道叛贼不难平定了！"可见此文的艺术感染力是多么的强！

贞元八年（792 年），河南、河北、江淮、荆襄、陈许等地区的四十多个州发生了特大洪水，淹死两万多人，当地百姓的财产损失很大，灾害严重。时任宰相的陆贽向唐德宗建议，急速派遣使者前往各灾区慰问救济。但唐德宗说："听说遭水灾之处的损失不大，现在即予优厚救济，恐怕会发生奸诈欺骗之事。"陆贽针对此写了一篇《请遣使臣宣抚诸道遭水州县

① 《全唐文》卷四六〇，第 2080 页。

状》："频得盐铁转运及州县申报：霖雨为灾，弥月不止。或川渎泛涨，或溪谷奔流，淹没田苗，损坏庐舍。又有漂溺不救，转徙乏粮，丧亡流离，数亦非少。臣等任处台辅，职调阴阳，一物失宜，尸旷斯在，五行愆度，黜责何逃？陛下德迈禹、汤，恕人咎已，臣等每奉词旨，倍益惭惶！所以僶俛在公，不敢频烦请罪。是以《月令》所载，夏行秋令，则苦雨数来，丘隰水潦；夏行冬令，则后乃大水，败其城郭。典籍垂诫，言固不诬，天人同符，理当必应。既有系于舒惨，是能致于灾祥。顷自夏初，大臣得罪，亲党坐累，其徒实繁。邦宪已行，宸严未解，畏天之怒，中外竦然。若以《月令》推之，水潦或是其应，虽天所降沴，不在郊畿，然海内为家，无论遐迩。伏愿涤瑕以德，消沴以和，威惠之相济合宜，阴阳之运行自序。臣等不胜睹灾惭负之至，谨奉状陈请以闻。"① 此文夹叙夹议，有述有论，叙述事实用散笔直写，议论情理以骈文抒发。写到灾区百姓的痛苦，文词深沉急切，句子也长短不拘，说到应该及时救灾的理由，辞情委婉反复，文句对偶工整而流利舒畅。可见陆贽为此文时，并不强作骈俪，而以意为主，故而读来没有丝毫牵强生硬之感，具有文理畅达、情辞并茂的艺术性，突显出一个关心百姓疾苦的优秀政治家的形象。

陆贽既是一位具有政治家风度的文学家，又是一位有着文学家眼光的政治家，所以，他的骈文对后世影响很大。

七、元和体

唐宪宗元和年间，有一批诗人以乐府诗，特别是新体乐府的形式来反映社会问题，针砭政治弊端，以期达到实际的社会效果。同时在艺术表现上，这批诗人也大多努力用平易浅白的

① 《全唐文》卷四七三，第 2136 页。

语言、自然流畅的意脉来增加诗歌的可读性。这就是人们常说的“新乐府运动”。而在参与这一运动的干将当中，就有宰相元稹。

元稹的乐府诗是针对现实政治而写的，涉及面既很广泛，思想内容也较庞杂，既有对安史之乱以来社会变迁的反思，又有对百姓疾苦的同情，还有以儒家礼乐治国的理想等等。如《法曲》：“吾闻黄帝鼓清角，弭伏熊罴舞玄鹤。舜持干羽苗革心，尧用咸池凤巢阁。大夏濩武皆象功，功多已讶玄功薄。汉祖过沛亦有歌，秦王破阵非无作。作之宗庙见艰难，作之军旅传糟粕。明皇度曲多新态，宛转侵淫易沈著。赤白桃李取花名，霓裳羽衣号天落。雅弄虽云已变乱，夷音未得相参错。自从胡骑起烟尘，毛毳腥膻满咸洛。女为胡妇学胡妆，伎进胡音务胡乐。火凤声沉多咽绝，春莺啭罢长萧索。胡音胡骑与胡妆，五十年来竞纷泊。”[①] 又如《胡旋女》：“天宝欲末胡欲乱，胡人献女能胡旋。旋得明王不觉迷，妖胡奄到长生殿。胡旋之义世莫知，胡旋之容我能传。蓬断霜根羊角疾，竿戴朱盘火轮炫。骊珠迸珥逐飞星，虹晕轻巾掣流电。潜鲸暗吸笡波海，回风乱舞当空霰。万过其谁辨终始，四座安能分背面。才人观者相为言，承奉君恩在圆变。是非好恶随君口，南北东西逐君眄，柔软依身著佩带，裴回绕指同环钏。佞臣闻此心计回，荧惑君心君眼眩。君言似曲屈为钩，君言好直舒为箭。巧随清影触处行，妙学春莺百般啭。倾天侧地用君力，抑塞周遮恐君见。翠华南幸万里桥，玄宗始悟坤维转。寄言旋目与旋心，有国有家当共谴。”[②] 这两首新体乐府诗，真实、客观地反映了安史之乱前，以京城长安为文化中心的中原大地如何盛行胡乐

---

① 《全唐诗》卷四一九，第4617页。

② 《全唐诗》卷四一九，第4618页～第4619页。

胡舞，对于认识当时社会习俗的变化和中外文化的交流，颇有现实意义。但在元稹的主观认识上，却是以儒家的“正礼作乐而天下治”为指导思想来进行创作的，从人们喜好胡人乐舞的社会现象中来探讨致乱之由，这显然是政治性质的诗作。在元稹的乐府诗创作中，有一些是反映民间疾苦的。如《织妇词》：“织夫何太忙？蚕经三卧行欲老。蚕神女圣早成丝，今年丝税抽征早。早征非是官人恶，去岁官家事戎索。征人战苦束刀疮，主将勋高换罗幕。缫丝织帛犹努力，变缉撩机苦难织。东家头白双女儿，为解挑纹嫁不得。檐前袅袅游丝上，上有蜘蛛巧来往。羡他虫豸解缘天，能向虚空织罗网。”[①] 诗中写蚕尚未结茧，官府就开始征税，而且要交纳新鲜花样的丝织品，蚕妇们为此忙碌辛勤着。命运更为悲惨的是一些织妇因为有纺织手艺反而不得出嫁，从而失掉人伦之乐。又如《田家词》：“牛吒吒，田确确，旱块敲牛蹄趵趵，种得官仓珠颗谷。六十年来兵蔟蔟，月月食粮车辘辘。一日官军收海服，驱牛驾车食牛肉。归来攸得牛两角，重铸锄犁作斤劚。姑舂妇担去输官，输官不足归卖屋，愿官早胜仇早覆，农死有儿牛有犊，誓不遣官军粮不足。”[②] 诗中所写的百姓无穷无尽的苦难，是在当时兵连祸结的惨况中产生的，读来令人伤心落泪。这两首诗的写作，仍然是以政治观念为出发点，表达一种通过轻徭薄赋而使国泰民安的主观愿望。所以，像上面录出的乐府诗以及类似的诗作，正如元稹自己讲的，是“取其病时之尤急者”，“故直其词以示后”[③]，政治性较强，而艺术性欠缺，抒情味不够，是一类政治说理之作。但是，元稹毕竟是具有“元才子”时誉的

① 《全唐诗》卷四一八，第4607页。

② 《全唐诗》卷四一八，第4607页。

③ 《全唐诗》卷四一九，第4615页。

诗人，也写出了不少思想性、艺术性高度统一的佳作，如新乐府诗《连昌宫词》，就是与大诗人白居易的《长恨歌》一样著名的作品，也是唐代诗歌史上叙事诗的典范之作。这首长诗说："连昌宫中满宫竹，岁久无人森似束。又有墙头千叶桃，风动落花红蔌蔌。宫边老翁为余泣，小年进食曾因入。上皇正在望仙楼，太真同凭阑干立。楼上楼前尽珠翠，炫转荧煌照天地。归来如梦复如痴，何暇备言宫里事。初过寒食一百六，店舍无烟宫树绿。夜半月高弦索鸣，贺老琵琶定场屋。力士传呼觅念奴，念奴潜伴诸郎宿。须臾觅得又连催，特敕街中许然烛。春娇满眼睡红绡，掠削云鬟旋装束。飞上九天歌一声，二十五郎吹管逐。逡巡大遍凉州彻，色色龟兹轰录续。李谟压笛傍宫墙，偷得新翻数般曲。平明大驾发行宫，万人歌舞途路中。百官队仗避岐薛，杨氏诸姨车斗风。明年十月东都破，御路犹存禄山过。驱令供顿不敢藏，万姓无声泪潜堕。两京定后六七年，却寻家舍行宫前。庄园烧尽有枯井，行宫门闭树宛然。尔后相传六皇帝，不到离宫门久闭。往来年少说长安，玄武楼成花萼废。去年敕使因斫竹，偶值门开暂相逐。荆榛栉比塞池塘，狐兔骄痴缘树木。舞榭欹倾基尚在，文窗窈窕纱犹绿。尘埋粉壁旧花钿，乌（一作鸟）啄风筝碎珠玉。上皇偏爱临砌花，依然御榻临阶斜。蛇出燕巢盘斗栱，菌生香案正当衙。寝殿相连端正楼，太真梳洗楼上头。晨光未出帘影黑（一作动），至今反挂珊瑚钩。指似傍人因恸哭，却出宫门泪相续。自从此后还闭门，夜夜狐狸上门屋。我闻此语心骨悲，太平谁致乱者谁？翁言野父何分别，耳闻眼见为君说：姚崇宋璟作相公，劝谏上皇言语切。燮理阴阳禾黍丰，调和中外无兵戎。长官清平太守好，拣选皆言由相公。开元之末姚宋死，朝廷渐渐由妃子。禄山宫里养作儿，虢国门前闹如市。弄权宰相不记名，依稀忆得杨与李。庙谟颠倒四海摇，五十年来作疮痏。今皇神圣丞相明，诏书才下吴蜀平。官军又取淮西贼，此贼亦除天下宁。年年耕种宫前道，今年不遣子孙耕。老翁此意深望幸，努力庙谋（一作谟）休用兵。”① 通过描写住在连昌宫这座皇帝离宫边的一位老人的见闻经历，把离宫的兴废与唐朝的盛衰自然地联系了起来。元稹能以高度概括性的笔力，把唐玄宗朝兴衰直至唐宪宗朝平定刘辟、李锜、吴元济叛乱的半个多世纪的沧桑巨变，全部纳入篇中，显示出高超的艺术技巧。此诗不仅在叙事上表现出层次分明、形象生动、语言丰富的特点，而且在叙事之中寓有充沛的感情和政治现实的见解。如诗的末尾，通过老人之口，反映了自元和以来，在朝廷大臣中形成的一种对藩镇停止用兵的政治主张，而元稹就属于这一派，另一派则要求积极用兵削藩。这些政治议论，都以形象出之，不留斧凿之痕。全诗的描写，波澜起伏，引人入胜。

元稹还写了许多艳丽浅近的小诗，以及与白居易唱和而写下大量铺陈排比的排律，这在元和时风靡一时，被称做“元和体”。前者如《春晓》一诗：“半欲天明半未明，醉闻花气睡闻莺。狌儿撼起钟声动，二十年前晓寺情。”② 把诗人在朦胧的回忆中心旌摇荡的情怀刻画得十分感人。又如《白衣裳二首》：“雨湿轻尘隔院香，玉人初著白衣裳。半含惆怅闲看绣，一朵梨花压象床。”“藕丝衫子柳花裙，空著沈香慢火熏。闲倚屏风笑周昉，枉抛心力画朝云。”③ 以细腻的艺术笔触刻画了一位天姿绰约、淡妆宜人的少女形象。而写作长篇排律诗，是元稹自小所好者，十六岁即写了《代曲江老人百韵》，长达一千字。后来与白居易结为好友，在互相酬唱之中，更是写下大量的五

① 《全唐诗》卷四一九，第 4612 页～第 4613 页。

② 《全唐诗》四二二，第 4642 页。

③ 《全唐诗》四二二，第 4641 页。

言排律，长的动不动就二百句，短的也有三十联。这种诗争奇竞巧，显扬博学，再加上他的政治地位的日益攀高，在当时的诗人群中颇能引起兴趣和共鸣，故而在诗坛上造成一定的影响。

第二节 妙笔赋形象

一、牛僧孺与《玄怪录》

鲁迅先生说："造传奇之文，荟萃为一集者，在唐代多有，而煊赫莫如牛僧孺之《玄怪录》。……其文虽与他传奇无甚异，而时时示人以出于造作，不求见信；盖李公佐、李朝威辈，仅在显扬笔妙，故尚不肯言事状之虚，至僧孺乃并欲以构想之幻自见，因故示其诡设之迹矣。"[①] 可见，鲁迅先生对牛僧孺创作的志怪传奇小说集——《玄怪录》的评价是很高的。那么，《玄怪录》的"煊赫"一时的原因是什么呢？首先，在于作者的身份上。牛僧孺是中唐时期的著名大臣，曾为宰相多年，又是当时"牛李党争"的牛党一派的领袖人物。其次，在于作者具有自觉的创作意识。《玄怪录》比起唐代前期的志怪传奇小说集有所不同，小说作品"时时示人以出于造作"，"以构想之幻自见"，如在《元无有》中就有意识地表示所描写的故事是出于虚构，而《顾总》等作品中的人物就假托为前朝的，又追溯其前生的事迹，构思又奇特又巧妙。这也就是鲁迅先生所指出的：唐代志怪传奇小说最显著的特点之一是"始有意为小

---

① 《中国小说史略》第十篇《唐之传奇集及杂俎》，第 58 页，上海古籍出版社，1998 年版。

说”[1]。再次，在于艺术上的创新。与以往的志怪传奇小说作品相比，作者特别注意在提炼语言和铺叙细节上用工夫。以往的志怪小说多注重情节的结构，传奇小说多注重人物的刻画，而到了《玄怪录》中，则注意在怪异的故事情节里加强物象人形的描写。所以，《玄怪录》是开拓了志怪传奇小说创作的新境界、新阶段。

《玄怪录》中的《刘讽》是一篇较优秀的作品，尽管故事情节略显简单，但其中人物的对话语言，却写得十分生动传神，富有鲜明的个性。

故事是在刘讽听几个女子的对话中展开的，而人物的姓名及身份是在蔡家娘子的祝酒辞中透露的，绘声绘色，细腻传神。蔡家娘子是个能言善辩的人物，这是在两番对话中显示出来的。她的祝酒辞具有亦庄亦谐、泼辣谑浪的风趣。在祝愿每个人的幸福时，随机应变，面面俱到。翘翘小娘子的说话也十分伶俐乖巧，本来是故意抓住蔡家娘子话里的漏洞来罚她喝酒，却说得冠冕堂皇，无懈可击，同时又暗含着六姨娘的戏弄挑逗。侍婢翠绥说酒令时的木讷口吃情态，也符合其身份个性。描写三更后在各种乐器的伴奏中合声唱歌，场面优雅，情景清丽。而所唱的歌词清新隽永，意境优美，不失唐诗的韵味，表现牛僧孺有意识的小说美学追求。

《郭元振》也是《玄怪录》中的一篇典型代表作。其主人公颇显豪侠色彩，所以，小说的描写细腻而具有遒劲之气。

小说先以简洁的语言交代故事发生的背景；接着以细腻的笔触在矛盾冲突中展现故事的情节，如设计斩杀乌将军的惊心动魄，寻踪铲除猪怪的剧烈搏斗；最后续写击毙猪怪，突出主人公的豪侠气概。小说通过刻画主人公机智、义勇的性格特

---

① 《中国小说史略》第八篇《唐之传奇文（上）》，第 44 页。

征，并在说服乡人协力除怪的言谈举止上，充分表现出英雄豪气和远见卓识。

牛僧孺富有才情，善于构思新颖的玄怪故事，以清俊简洁的语言表现出来，情节曲折，描写细腻，场景生动，人物鲜活，具有引人入胜的艺术魅力，使人乐于阅读而不疲。除以上所举两篇外，《玄怪录》中的其他篇章也都达到了这样的艺术高度。

牛僧孺的身份地位高，艺术成就大，所以《玄怪录》的影响由近及远，经久不衰。就近而言，《玄怪录》对唐代志怪传奇小说的影响很大。李复言创作志怪传奇小说是深受了牛僧孺的影响，这一点，仅从他将自己的志怪传奇小说集命名为《续玄怪录》，就明确地表示出来了。就远而言，《玄怪录》中的一些故事情节或艺术手法为后人的文学创作所取材或袭用。如《郭元振》所写猪怪变作乌将军而娶民间女子的故事，与后来著名的《西游记》所描写猪八戒在高老庄娶亲的情节就有相似之处。又如《张老》所写神仙化作一老头而谋娶一少女的故事，被明代文学家冯梦龙改编为话本小说——《张古老种瓜娶文女》。再如《刘讽》写一群女子在酒宴上行令取乐时所进行的对话，颇富有个性，如闻其声，如见其人，在清代蒲松龄《聊斋志异》的篇章中也往往能见到这种写法。

当然，《玄怪录》的影响不全是积极的，也有消极的方面。作者牛僧孺与当时另一位宰相李德裕由于政见不同，在朝中形成势不两立的政治宗派，相互斗争，倾轧排挤，四十余年朝政混乱，连唐文宗都对此大伤脑筋，曾说："去河北贼（半独立王国的河北三镇）非难，去此朋党（牛李党争）实难。"[①] 而牛僧孺的小说写得多，影响大，于是在政敌中有人利用这一

① 《旧唐书》卷一七六《李宗闵传》，第4554页。

点，伪造一篇《周秦行纪》，托名于牛僧孺，以达到诋毁陷害的政治目的。

《周秦行纪》以作者自叙的语气，描写发生在旅途中的奇遇之事。小说先交代事情发生的时间、地点及主人公和原因：时间是唐德宗贞元年间，地点是在鸣皋山下，主人公是牛僧孺，原因则是由于牛僧孺没有考中进士而正返回家乡，途中于一个夜晚投宿人家。接着引出主人公在投宿人家所遇见的各色人物：汉文帝的生母薄太后，汉刘邦的戚夫人，汉元帝的宫女王昭君，西晋潘安的歌妓绿珠，南朝齐东昏侯的宠妃潘淑妃，唐玄宗的贵妃杨太真。随后写各色人物在酒宴上的对话及为欢聚所赋的诗歌。其中有一段至关重要的对话："太后问余：'今天子为谁？'余对曰：'今皇帝名适，代宗皇帝长子。'太真笑曰：'沈婆儿作天子也，大奇！'"所谓"沈婆儿"分别指代宗的皇后沈氏和她的儿子唐德宗。沈氏在安史之乱中两次被叛军掳去，最后连尸骨都找不到。联系这一史实，小说写杨贵妃笑话"沈婆儿"做天子，就容易使人理解为对当朝皇帝——德宗的有意挖苦。而更具险恶用心的是下面的一段描写：

诗毕，酒既至。太后曰："牛秀才远来，今夕谁人为伴？"戚夫人先起辞曰："如意也成长，固不可。且不可如此。"潘妃辞曰："东昏以玉儿（妃名）身死国除，玉儿不宜负也。"绿珠辞曰："石卫尉性严急，今有死，不可及乱。"太后曰："太真今朝先帝贵妃，不可言其他。"乃顾谓王嫱曰："昭君始嫁呼韩单于，复为株累弟鞮单于妇，固自用。且苦寒地胡鬼何能为？昭君幸无辞。"昭君不对，低眉羞恨。俄各归休。余为左右送入昭君院。

会将旦，侍人告起。昭君垂泣持别，忽闻外有太后命，余遂出见太后。太后曰："此非郎君久留地，宜亟还。

便别矣。幸无忘向来欢。”更索酒。酒再行已，戚夫人、潘妃、绿珠皆泣下，竟辞去。[①]

在这里，无论何样身份的女子都有理由拒绝陪侍牛秀才就寝，唯有王昭君因为两次嫁给匈奴单于，只得“羞恨”侍寝。这又不能不让人理解为对德宗生母沈后曾两度失身于以胡人为主之叛军的一种影射讽刺。

既然已树起一面可进行攻击的盾，于是在政敌中又有人伪造一篇《周秦行纪论》，托名于李德裕，以便当做锐利的矛来刺穿《周秦行纪》这面盾，也就是针对牛僧孺进行肆意攻击，达到政治陷害的目的。其中说：“余得太牢《周秦行纪》，反覆睹其太牢以身与帝王后妃冥遇，欲证其身非人臣相也，将有意于狂颠。及至戏德宗为‘沈婆儿’，以代宗皇后为‘沈婆’，令人骨战。可谓无礼于其君甚矣！怀异志于图谶明矣！”所谓“太牢”，即指牛僧孺。据《大戴礼记·曾子天圆》说：“诸侯之祭，牛曰太牢。”就是诸侯在举行祭祀活动时，宰杀牛做祭品。因为姓牛，故以作为祭品，“太牢”代指牛僧孺。这首先在称呼上对牛僧孺做了人身攻击。接下来就引用所谓谶言，论证牛僧孺已怀有阴谋篡位的造反之心，从而得出结论：“为人臣阴怀逆节，不独人得诛之，鬼得诛之矣！”还嫌不够，又补充说：“所恨未暇族之。”[②] 显然，这不仅要罗织罪名，使牛僧孺身败名裂，更要使其全家被诛灭而后快。用心之阴险毒辣，昭然若揭，令人生畏。

① 《太平广记》卷四八九，第 4020 页。

② 《全唐文》卷七一〇，第 3230 页。

二、元稹与《莺莺传》

在撰写志怪传奇小说的唐代宰相中，如果说牛僧孺是以多而妙取胜，那么，元稹可谓是以少而精得胜。这与他们在政治地位上的相似之处有很大关系。牛僧孺为相有数年之长，而元稹为相仅数月之短。但就影响而言，元稹所撰传奇——《莺莺传》要大得多。正如鲁迅先生所指出的：在唐传奇的作者当中，“所做不多而影响甚大，名亦甚盛者曰元稹”①。

《莺莺传》记叙的是张生游蒲州，暂居普救寺内。恰逢崔氏孀妇将归长安，亦居该寺。两相叙亲，原来莺莺之母郑氏乃是张生异派之姨母。当时军队大乱到处骚扰，幸张生与蒲将之党有善，才保住崔氏之家不致及难，郑氏为感激救护之恩，请宴于张生。席间遂命莺莺拜张生为兄，不料自此一见，却惹出一段风流韵事。张生为莺莺的颜色所动，遂生相思，苦无由相通，于是暗中数次赠礼于莺莺之婢女红娘，以求从中引合。经红娘之策，张生便以情诗引逗莺莺，莺莺和诗一首，张生领其旨意，于夜晚攀墙而过以求私会，不料却受莺莺一顿数落，自觉惭颜，于是绝望。岂知这是莺莺的故作之姿，所以过了不久便私奔张生。张生上京赶考，第二年科举未中，遂往京城。莺莺援笔投书，赠物达情。信中极尽遐弃之怨恨，断肠之哀伤，以及不渝之情感。然而却不能打动张生之薄情寡义，反而大发感慨，视莺莺为“尤物”“妖孽”，莺莺也终被张生“始乱之，终弃之”。元稹临末反谓张生为“善补过者”，并声明他讲崔张之事是为了“使知者不为，为之者不惑”②。

《莺莺传》自问世以来，其影响即由近及远，而且愈远愈

① 《中国小说史略》第九篇《唐之传奇文（下）》，第 51 页。

② 《太平广记》卷四八八，第 4012 页～第 4017 页。

深。在当时，就有著名诗人杨巨源的《崔娘诗》，李绅的《莺莺歌》。到了宋代，有人用歌唱的形式创作《商调蝶恋花》十首，描写的就是崔莺莺与张生的故事。金代的董解元、元代的王实甫都以这篇传奇为题材，分别创作了《诸宫调西厢记》《西厢记》杂剧，无论是思想性还是艺术性上，都将崔张的爱情故事推向更高的层次，达到焕然一新的程度。至于明代，被改编成戏曲作品的就更多了。

第三节　直笔写春秋

一、魏征与五代史

唐代初年修撰的纪传体“八史”——《梁书》《陈书》《北齐书》《周书》《隋书》《南史》《北史》《晋书》，占了千余年间形成的中国历史的“脊梁”——“二十四史”的三分之一。其中除过《南史》和《北史》外，其他六部史书都是由两位著名宰相——魏征和房玄龄主持撰修成的。

隋文帝开皇九年（589年）平陈，结束近三百年的分裂局面，天下一统为隋。但仅维持数十年，天下再次发生战乱割据。李渊父子趁机而起，于武德元年（618年）建唐，并逐渐扫平天下，由此在世界历史上出现了空前强盛的大唐帝国。但事实上，隋朝原本也是一个空前强盛的国家，可曾几何时，土崩瓦解了。而创建大唐帝国的唐刘邦父子及其功臣，又正好生活在两次由分裂到统一的时代。他们大都既目睹了隋朝的兴盛强大，又经历过隋朝的衰落灭亡。所以，唐朝君臣为了能使国家长治久安，都很重视总结近代史的经验，以汲取教训，如唐太宗与大臣交谈，屡屡提出以史为鉴的问题，而大臣也每每以隋为例进行劝谏。早在开国初年，著名史学家令狐德棻曾提出："如文史不存，何以贻鉴今古？"① 于是，当天下初定，唐刘邦便迫不及待地命人修撰近代各朝之史。"武德五年（622年）十二月诏曰：'司典序言，史官记事，考论得失，穷尽变通。所以裁成义类，惩恶劝善，多识前古，贻鉴将来。……朕据图驭宇，长世字民，方立典谟，永垂宪制'。"② 并做出具体分工，指定某人修撰某部史书。由于当时在外部有叛乱不时发生，而内部又有宫廷争斗愈演愈烈的情形，故修史活动，并不顺利，数年之后，不了了之。当唐朝进入"贞观之治"的时代，唐太宗特别注意勤行的三件事中，第一件就是"鉴前代成败事，以为元龟"。于是在贞观三年（629年），唐太宗再次下诏重新修撰"五代史"，组织班子，明确分工。诏书中明令魏征与房玄龄作为总负责人来"总监诸代史"，由令狐德棻"总知类会"，由魏征"总知其务"，并由魏征主编《隋书》。

这一次的修史活动，在魏征的组织协调下，有条不紊地进行，而各史主撰人也专心致志，全力以赴。至贞观十年（636年），全部完成，受到唐太宗的嘉奖，说："……撰成周、隋、陈、齐、梁等五代史，诣阙上之。唐太宗劳之曰：'朕睹前代史书，彰善瘅恶，足为将来之戒，秦始皇奢淫无度，志存隐恶，焚书坑儒，用缄谈者之口。隋炀帝虽好文儒，尤疾学者，前世史籍，竟无所成，数代之事，殆将泯绝。朕意则不然，将欲览前王之得失，为在身之龟镜。公辈以数年之间，勒成五代之史，深副朕怀，极可嘉尚"③。于是进级班赐各有差。"虽然这次修撰"五代史"的成功是各位史学家精诚合作的结果，但

① 《旧唐书》卷七三《令狐德棻传》，第2597页。

② 《册府元龟》卷五五四《国史·选任》，第6650页，中华书局影印本，1960年版。

③ 《册府元龟》卷五四四《国史部·恩奖》，第6657页。

还是要特别指出魏征在其中做出的贡献很大。《旧唐书》卷七一《魏征传》说：“[魏] 征受诏总加撰定，多所损益，务存简正。《隋史》序论，皆 [魏] 征所作，《梁》《陈》《齐》各为总论，时称良史。”

唐太宗时期的君臣在思想、意识和政治活动上最明显的特征之一就是“以史为鉴”和“以隋为鉴”，并很明确地贯穿在这次修史的实践当中，从而把撰写史书、知古鉴今、治理天下紧密而有机地结合在一起，使自古以来的鉴戒史学进入一个更为崭新的阶段。魏征在史论中，每每表述的是这种为当代政治服务的史学思想。如南朝陈兴衰存亡的原因，魏征在《陈书》卷六《后主纪》的总论中主要从人事方面做了发人深省的分析和总结。这篇史论写得较长，在“二十四史”中都是很罕见的。其主要目的就是从近代史中寻找“借鉴”，希望使新兴的大唐避免重蹈覆辙，能够国强兴盛，长治久安。

魏征主编《隋书》，把“以隋为鉴”作为指导思想，把亡国亡君的得失作为唐朝君主“取鉴”的基本内容，从反面向大唐君臣提供了一套值得借鉴的治国方略，即注意调整军民关系、君臣关系，实行“以静求治”的施政方针，促成了“贞观之治”的出现。

> ……于时蛮夷猾夏，荆、扬未一，劬劳日昃，经营四方。楼船南迈则金陵失险，骠骑北指则单于款塞，《职方》所载，并入疆理，《禹贡》所图，咸受正朔。虽晋武之克平吴、会，汉宣之推亡固存，比义论功，不能尚也。七德既敷，九歌已洽，要荒咸暨，尉候无警。于是躬节俭，平徭赋，仓廪实，法令行，君子咸乐其生，小人各安其业，强无陵弱，众不暴寡，人物殷阜，朝野欢娱。二十年间，天下无事，区宇之内晏如也。考之前王，足以参踪盛烈。

但素无术学，不能尽下，无宽仁之度，有刻薄之资，暨乎暮年，此风逾扇。又雅好符瑞，暗于大道，建彼维城，权侔京室，皆同帝制，靡所适从。听哲妇之言，惑邪臣之说，溺宠废嫡，托付失所。灭父子之道，开昆弟之隙，纵其寻斧，翦伐本枝。坟土未干，子孙继踵屠戮，松檟才列，天下已非隋有。惜哉！迹其衰怠之源，稽其乱亡之兆，起自高祖，成于炀帝，所由来远矣，非一朝一夕。其不祀忽诸，未为不幸也。[①]

在这里，魏征从事物会向反方向转化的辩证认识出发，对比分析了隋文帝前后时期不同的政治局面，认为隋文帝晚年的所作所为已经带来了严重的后果，所以，隋朝的衰亡，不是“一朝一夕”之间的事，而是“起自高祖（文帝），成于炀帝”。魏征正是通过这种“见盛观衰”的史论，向现实政治生活中出现的“居安忘危、处治忘乱”的征兆发出警告。

同时，魏征放眼于历史的长河中，对秦朝与隋朝这两个典型的“兴也勃焉”、“亡也忽焉”的王朝进行对比，从而提醒作为唐朝二代君主的唐太宗，要牢牢记取秦、隋仅仅传了两世就灭亡的教训。又《隋书》卷六六《李谔传》史臣论曰：“大厦之构，非一木之枝；帝王之功，非一士之略。长短殊用，大小异宜，榱棁栋梁，莫可弃也。”在这里，魏征以建筑构件中的小材榱棁和大材栋梁做比喻，认为长短均用，大小配合，才能建成大厦，从而说明作为统治者的帝王必须懂得君臣相辅相成的道理。

在魏征和各位史学家的通力合作下，这次重修“五代史”，最终取得成功。共计有《梁书》五十六卷、《陈书》三十六卷、

① 《隋书》卷二《高祖纪》，第 55 页～第 56 页。

《北齐书》四十卷、《周书》五十卷、《隋书》五十五卷。但这五部史书在修成之日就有一个缺憾，即只有历史人物的“本纪”和“列传”，没有各代典章制度的“志”，仅仅有记载历代图书典籍情况的《经籍志》四卷，由魏征草拟完成。所以，到了贞观五年（631 年），唐太宗又下诏修撰《五代史志》，专门记载梁、陈、北齐、周、隋五个朝代的各种制度，以配合“五代史”的纪、传，由宰相长孙无忌总负责。经过十五年的努力，至高宗显庆五年（660 年）完成，共计三十卷。《五代史志》修成之后，开始时是作为独立的一部史书流传的，后来附在《隋书》里，称为《隋书》十志，与纪、传合计八十五卷，一并流传。

二、房玄龄与《晋书》

在唐初修撰的“八史”当中，《晋书》是由宰相房玄龄所主持而完成的。但因为唐太宗为了炫耀自己“武胜于古，文过于古”，便亲自为其中的《汉宣帝（司马懿）纪》、《武帝（司马炎）纪》和《陆机陆云传》《王羲之传》写了四篇史论，以品评他们的历史功过和文学艺术成就，此书因而也题作“御撰”。

《晋书》于唐太宗贞观二十年（646 年）开始修撰，至贞观二十二年（648 年）完成，共计一百三十卷，分为本纪十卷、志二十卷、列传七十卷、载记三十卷，所记载的是西晋、东晋及十六国时期的历史。

《晋书》的修撰，仍贯彻以史为鉴、借古知今的指导思想，只是与当时的社会政治形势结合得更紧密了。唐太宗在论晋武帝的史论中说：“知子者贤父，知臣者明君；子不肖则家亡，臣不忠则国乱；国乱不可以安也，家亡不可以全也。是以君子防其始，圣人闲其端。”[①] 可谓有感而发。贞观后期与前期在政治形势上发生了一定的变化，虽然天下正值稳定，但朝廷内部的矛盾却日益复杂尖锐。唐太宗共有十四个儿子，其中长子李承乾、第四个儿子李泰、第九个儿子李治，都是长孙皇后所生。李承乾既为长子，又很聪明，唐太宗喜爱，从小就作为皇位的继承人而被立为皇太子。但是，长大以后，爱好声色，所作所为越来越不像一个皇太子。唐太宗对此，十分忧虑。于是，魏王李泰便想着趁机夺取皇太子之位，与李承乾各自拉拢一批朝臣结为死党，明争暗斗。至贞观十七年（643 年），矛盾闹得不可开交时，太子李承乾干脆铤而走险，准备发动宫廷政变。事情败露之后，李承乾和李泰被废为庶人。卷入太子李承乾谋反事件中的还有唐太宗的弟弟汉王李元昌、外甥赵节、驸马杜荷，以及开国功臣侯君集等人。这次谋反事件，又是由唐太宗的第三个儿子齐王李祐在齐州造反引发的。唐太宗悲怆满怀，对大臣长孙无忌、房玄龄等人说：“我三子一弟，所为如是，我心无憀！”[②] 并做出一番抽刀自刎的举动。这时，刚刚九岁而又性格懦弱的李治就在他的舅舅长孙无忌的支持下被立为皇太子。经过这次事件，唐太宗顾虑重重，既害怕“子不肖则家亡”，又担心“懦弱”的皇帝被大臣控制，出现“臣不忠则国乱”的恶果。于是下令重修晋史，用意是借古规今，垂示将来，使皇位继承者和辅佐大臣都知道为君为臣之义。对此，主持修撰《晋书》的宰相房玄龄自然是心领神会，专门设立八王传，并且，传前有长序，传后有专论，这在其他列传中是少有的。房玄龄在序中对八王之乱给西晋造成的危害进行总结说：“向使八王之中，一藩繄赖，如梁王之御大敌，若朱虚

① 《晋书》卷三《武帝纪》，第 82 页，中华书局点校本，1974 年版。
② 《旧唐书》卷六五《长孙无忌传》，第 2452 页。

之除大憝，则外寇焉敢凭凌，内难奚由窃发！纵令天子暗劣，鼎臣奢放，虽或颠沛，未至土崩。……西晋之政乱朝危，虽由时主，然而煽其风，速其祸者，咎在八王。"① 另外，房玄龄还顺从了唐太宗关于王权天授的旨意，在《晋书》中注入天命论的思想。如唐太宗在史论中宣扬司马懿之所以为晋国的开创者，是因为"以天庭之姿，应期佐命"；司马炎之所以成晋国的建立者，是因为"诞膺天命"。于是，《晋书》中记载鬼神报应，命中注定的人和事很多。显然，这也是借古规今的用意，教诫群臣要各安本分，好自为之，天命不是什么人都能得到的。

在《晋书》当中，"载记"是比较特殊的部分，既是尊重史实的表现，也是出于宣扬大一统思想的需要。唐太宗曾说："自古皆贵中华，贱夷、狄，朕独爱之如一，故其种落皆依朕如父母。"② 于是，房玄龄别出心裁，既承认十六国是相对独立的割据政权，又把它纳入晋王朝的一统天下之内，在编写"载记"时，只称"僭伪"，不强调"华夷"，为巩固唐朝大一统的局面服务。

三、杜佑与《通典》

唐朝中期，社会生活与学术研究都在发生变化的时候，宰相杜佑首先为史学领域展示出一种新途径，即把反映体制改变的历代制度和社会结构作为研究重点，通过上千年"礼法刑政"的演变，探寻带规律性的施政之道，纠正时弊，挽救危机，形成一部影响千年的史学名著——《通典》。

自安史之乱后，唐朝社会一直处于动荡之中，杜佑就生活

① 《晋书》卷五九《汝南王传》，第1590页。

② 《资治通鉴》卷一九八 贞观二十一年五月，第6247页。

在这样一个时代。他由幕府僚佐渐渐升任地方长官，又由地方长官渐渐升至宰相之位，兼理盐铁财政。丰富的行政阅历和长期的理财实践，加上渊博的学识，使他对施政的关键所在——体制变革，对反映体制的社会结构，比起同时代的学者，都有更深的体验和更多的认识。因此，在那么多寻找“治道”亦即统治之道、施政之道的学者当中，他便成为注重社会效益、主张由体制入手、探索社会变革原因、总结施政方略的杰出人物。

唐中期以前的史书，在内容与形式的结合上，主要有两种类型：一是按照时间顺序记载史事，一是用纪传体叙写人物。而杜佑的《通典》一书在内容与形式的结合上，则开创了第三种类型，即分立门类叙述制度。全书是以记述历代的典章制度及其得失沿革为中心的，分为九个门类，即《食货》十二卷、《选举》六卷、《职官》二十二卷、《礼》一百卷、《乐》七卷、《兵》十五卷、《刑》八卷、《州郡》十四卷、《边防》十六卷，共计二百卷。杜佑在自序中对这样分类以及次序做了说明，认为应该通过教化来达到治理天下的目的，而教化应建立在食货的基础上，进而在此基础上制定出一套选举办法和职官制度；礼、乐、兵、刑是职官的各种职能；州郡、边防则是这些职能具体实施的不同地域。所以，全书先记述经济制度，而后依次记述选用行政人才的制度和设置行政部门的制度，之后是礼、乐制度、战守之术、刑罚制度，最后记述地方官府的建置和边防的重要。

《通典》的这种记述内容和编排形式，表现出三大特点：一是融会而贯通。《史记》以后历代“正史”中的书志部分只记载一代或数代的典章制度，属于典章制度的断代史；而《通典》是将历代的典章制度融会贯通起来，编写成独立的一部书，属于典章制度的通史。二是分立的门类。与《史记》以后历代“正史”中的书志部分相比较，《通典》不立律历、天文、五行、祥瑞、舆服等名目，而增加选举、兵、边防等门类。这种典章制度各门类的变化，表明《通典》所要记述的是与社会经济、政治、军事直接关系的典章制度。三是记事加记言。《通典》不仅从史实的角度记述历代的典章制度，也从历代文人士大夫的文集、奏疏中引述那些评论典章制度的言论，其中也包括杜佑自己对历代典章制度所做的评论，对于深入探讨历代典章制度的沿革得失很有帮助，是一部将记事与记言结合得很成功的典范之作。

《通典》在记述历代典章制度所表达出经世致用的思想认识上是有多方面价值的。第一方面是经济思想，认为物质生活是一切行政治理和文化教育的基础。第二方面是人才思想，主张通过教育的途径扎扎实实地培养人才。第三方面是吏治思想，要求精减官吏，任用有才干的人。第四方面是法制思想，法律要有相对的稳定性。在具体运作中，既要杜绝私情，又要防止滥用。第五方面是民族思想，说古时候的中原民族大多类似于现在周边的少数民族，又说古人很质朴，中原民族与周边少数民族没什么不同。这种观点的提出，打破了“贵中华而贱夷狄”的传统观念。

杜佑是唐代一位兼具史学家和政治家品格的杰出人物，所以，《通典》既是一位史学家对社会现实的洞察，又是一位政治家对历史现象的沉思，从而成为唐代一部杰出的史学著作。

四、李吉甫与《元和郡县图志》

唐宪宗元和年间，宰相李吉甫成功地主编了一部史学名著——《元和郡县图志》，不仅是现存最早而较完整的一部古代地理总志，也是编写得最好的一部唐代地理总志。事实上，唐代人编写的地理总志为数不少，可只有这部《元和郡县图志》流传下来了，显然是优胜劣汰的结果。例如贞观年间，由唐太宗的儿子魏王李泰组织有关人员编成的地理总志《括地志》一书，有五百五十三卷之多，内容庞杂，从建置沿革直到人物故事，几乎无所不包，往往使人不得要领。又例如唐德宗贞元年间，宰相贾耽编成《贞元十道录》四卷，仅记州县名称，县辖乡数，各州至长安、洛阳的里程及贡送的物品，内容过于简略，也往往使人不明所云。比较起来，《元和郡县图志》就显得繁简适中，最为得体，所以能够流传至今。

全书正文四十卷、条目二卷，共计四十二卷。以唐朝十道四十七镇为纲，以府、州、县为目，而以府州乡镇为序记载，每镇之前有一幅地图。府州之下，大体包括治所、等级、户数、乡数、沿革、辖境、八到 、贡赋、管县等内容。

“治所”标明在府、州的名称之下，是指府州长官处理公务的官署所在地。“等级”是指府、州的大小和所处地理位置的重要性，府分为在京城的和在陪都的，州分为上、中、下和雄、望、辅。“户数”一般是记载唐玄宗开元年间与唐宪宗元和年间所统计的数字，但不计人口数字。“乡数”是指府、州管领多少个乡，也只记开元年间与元和年间的乡数。“沿革”是记载府、州的设置变迁过程，每每上溯三代，下迄唐代直至元和时期，叙述系统完整。“辖境”是记载府、州境内东西、南北之间的距离，显示府、州的土地大小和管辖范围。“八到”主要是从东、南、西、北、东南、西南、西北、东北等方向记载府、州距离西京长安、东都洛阳以及周围府、州和重要地点的里数。有时，也涉及往来的交通路线。“贡赋”是记载府、州向朝廷应缴送的贡品和赋税。贡品主要是各地出产的土特产、手工业品和药材等，赋税是各地生产的粮食作物和纺织品等。“管县”是最后记载的一项内容，也是最主要的一项内容。首先罗列府、州所管辖县的名称，然后以和府、州治所同处一城的县为首，逐个记载各县的等级、距府州城的里数和方向、沿革变迁、山川湖泊、物产、矿产、古迹等内容，将自然地理与人文地理结合为一，资料相当丰富。

李吉甫以宰相的身份主编这部书，是与当时的天下形势和他个人的政治态度有关系的。唐朝自安史之乱以后，藩镇割据，愈演愈烈，时时处处威胁着朝廷。身为宰相，李吉甫坚决反对藩镇割据，主张维护天下一统。因此，他为朝廷出谋划策，以期削弱河北三镇的割据势力。他也曾直接参与朝廷对西川刘辟、浙西李锜、淮西吴元济等割据势力用兵的决策，又反对过徐州节度使企图扩大辖境而增加实力的无理要求。所以，在《元和郡县图志》一书中，不论沿革、古迹、山川、关隘，甚至矿产，凡关系到兵家争战、形势得失，都要一一记述，唯恐疏漏，是一部具有浓厚军事色彩的地理总志。这正像他在此书序中所表述的主编此书的目的时说的："古今言地理者凡数十家，尚古远者或搜古而略今，采谣俗者多传疑而失实。饰州邦而叙人物，因丘墓而征鬼神，流于异端，莫切根要。至于丘壤山川，攻守利害，本于地理者，皆略而不书，将何以佐明王扼天下之吭，制群生之命，收地保势胜之利，示形束壤制之端，此微臣之所以精研，圣后之所宜周览也。"① 由此求证于《元和郡县图志》的内容编排，可以看得分明的是把是否能够直接切合于政治需要作为对地理材料进行取舍的首要准则，从而特别侧重山川形胜，攻守利害，这既确实显示了本书的突出特色，又充分体现出李吉甫的卓越见识。

① 《元和郡县图志·序》，第 1 页，中华书局点校本，1983 年版。

第四节　墨笔舞龙凤

一、书同文字

鲁迅先生说李斯“于文字，则有殊勋。六国之时，文字异形，斯乃立意，罢其不于秦文合者，画一书体，作《仓颉》七章，与古文颇不同，后称秦篆”①。在此，鲁迅对秦朝宰相李斯创造小篆，使汉字的字形结构基本定型，给予了高度肯定。

自文字产生后，发展演化到春秋战国时，由于社会政治、经济、文化的急剧变化，特别是分裂状态的长期存在，致使语言文字处在一种“言语异声，文字异形”的状态中。当时，同一个字，往往有许多不同的写法。也就是说，同一个字，在各诸侯国里都有自己的一种写法。甚至严重到在一国之内，同一个字的写法也不尽相同。这种在文字书写

《泰山刻石》李斯书法

① 《汉文学史纲要》第五篇《李斯》，第28页，上海古籍出版社，2005年版。

上十分紊乱的状况，自然会给统一天下后的秦王朝在文书、档案的书写及阅读、传播等方面带来很大的困难。于是，丞相李斯建议“书同文字”，被秦始皇采纳，并由李斯具体实施。主要做法是：一、以秦国文字为基础，废除与“秦文”写法不同的原来各诸侯国的异体字。二、把结构繁杂的大篆字形加以简化，整理成小篆字体，作为全国通行的规范化的文字。三、李斯用小篆写成《仓颉篇》，作为标准样本，以便推广。

尽管李斯的《仓颉篇》早已亡佚，但秦朝的一些纪功刻石尚有字迹遗存。秦始皇统一天下后，数次出巡，所到之处，刻石颂德，前后计有：峄山刻石、泰山刻石、琅琊刻石、碣石刻石、会稽刻石、芝罘刻石。其中，泰山刻石残存九个字，琅琊刻石残存八十六个字，峄山刻石有南唐文字学家徐铉的摹本。而秦始皇出巡时，李斯都要陪同，所以，这些石刻上的文字也由李斯书写，是标准的小篆范式。它的字体整齐划一，布局紧凑，笔画匀称，显出一定的美观性，有利于书法艺术的发展和提高。

二、褚遂良与“广大教化主”

西汉宰相萧何虽以政治著名，而非书法名家，但在促成人们对书法进行艺术欣赏方面做出了贡献。他曾为了一个题额而“覃思三月”，刻意求精，一经写成，“观者如流水”，盛况空前。从实用到审美，在社会上形成欣赏书法的风气，这是书法艺术史上的一大飞跃。

唐朝不仅在政治经济上是一个空前强盛的大帝国，在诗歌创作上形成一个诗的王国，而且在书法艺术成就上达到了自东晋以后的又一高峰，成为书法艺术史上的一座分水岭。

唐朝皇帝均能写得一手好字，这种个人爱好，由于他们的政治地位的关系，就成为自觉或不自觉的一种身体力行，客观上产生出弘扬书法艺术的良好效果。开国皇帝李渊就善于隶书，其后的太宗、高宗、睿宗、玄宗，不仅善书，且有墨迹传世。上行下效，当时的文学才士、达官显宦，也是书法名家辈出。仅在书法史上被并称为“虞、欧、褚、薛”的初唐四家虞世南、欧阳询、褚遂良、薛稷当中，就有两人是宰相。

褚遂良先是以擅长书法，受到唐太宗的赏识，之后才进而认识到他的政治才能。自从虞世南去世后，唐太宗常常发感慨说：“虞世南死后，无人可以论书！”[①] 于是，魏征向唐太宗推荐了褚遂良，说他精通书法，可以谈论此道。唐太宗接见后，发现其书法果然非凡，便命令他充当侍书。当时，唐太宗深爱王羲之的书法，下令在天下广泛搜求购买王羲之的书法作品，于是全国各地纷纷进献，但其中的真品赝品混杂难辨，正好就让褚遂良加以鉴定。褚遂良对这些作品精心甄别，去伪存真，一一指出哪些是真

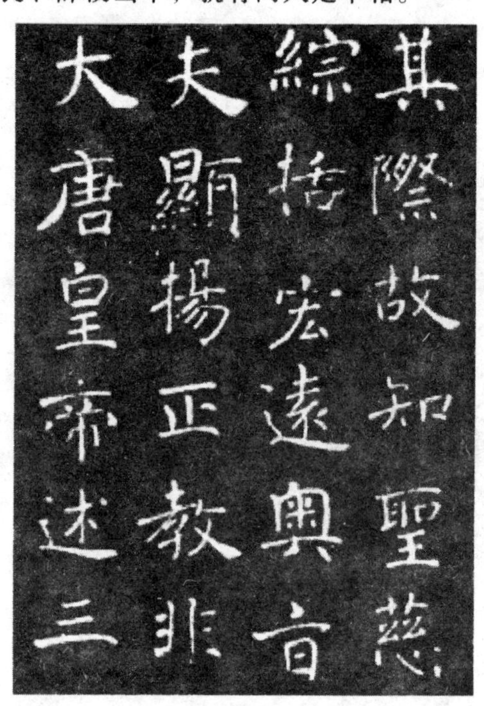

《雁塔圣教序》褚遂良书法

① 《旧唐书》卷八〇《褚遂良传》，第 2729 页。

的，哪些是假的，论据充分，令人信服。再经过各方面的反复验证，他鉴定的结果都是正确无误的。从此，逐渐得到唐太宗的信任，君臣之间的谈话内容，也由谈论书法转移到议论政事上。而他又直言敢谏，所以唐太宗说："朕始得魏征，朝夕进谏。征亡，刘洎、岑文本、马周、褚遂良继之。"①

褚遂良书法作品流传至今的，碑石拓本主要有《伊阙佛龛碑》《孟法师碑》《房玄龄碑》《雁塔圣教序》《同州圣教序》；手书墨迹主要有楷书《倪宽赞》《赐观帖》《唐太宗阴符经》；小楷《小字阴符经》《灵符度人经》《千字文》；行书《枯树赋》《帝京篇》《文皇哀册》《千字文》。临王羲之《兰亭集序》，草书《阴符经》等。在这些存世作品中，尤以《伊阙佛龛碑》《孟法师碑》《房玄龄碑》《雁塔圣教序》为代表，风格上有早年与晚年之别。早年作品如宽博矜严的《伊阙佛龛碑》，质朴雅正的《孟法师碑》，都略存隶书的意味，兼有欧阳询、虞世南的影响。而晚年作品如《房玄龄碑》《雁塔圣教序》，则是追求结体的宽绰与用笔的从容，恢复王羲之洒脱温腴的某些特点。笔画细长，有轻重变化，撇捺不甚着力，体现出婉约华美的魅趣。

褚遂良的书法作品在唐代即已成为墨宝。据《旧唐书》卷九七《钟绍京传》记载，唐睿宗时期曾任宰相的书法家钟绍京特别喜欢收藏前人的书画作品，其中就有王羲之、王献之父子二人和褚遂良的书法作品，多达数十百卷。把褚遂良的书法作品与"二王"父子相提并论，足见其贵重。又据《旧唐书》卷一九〇上《孔若思传》记载，孔若思在年轻的时候，有位朋友把几件褚遂良的书法作品赠送给他，孔若思只接受了其中的一卷。那位朋友说："此书当今所重，价比黄金，何不总取？"孔

① 《新唐书》卷九九《刘洎传》，第3918页。

若思说：“若价比金宝，此为多矣！”于是又把那一卷分为两截，一半留下，一半还给那位朋友。从这些故事可以看出，褚遂良的书法作品是多么地被唐人看重。

褚遂良的书法艺术既融欧阳询、虞世南风格为一体，方圆兼备，结体较方，又比欧阳询、虞世南的字舒展一些，用笔有节奏感，晚年的作品更是丰艳流动，在用笔的虚实变化之中，显出多姿多态。由于欧阳询、虞世南入唐时，已是暮年老人，书法品格早已形成，虽说后出者转精，但与隋代书法的整体艺术风格基本相同。而褚遂良晚于他们一辈，在书法创作上能积极迎合初唐书法艺术发展的趋势，“开草、隶之规模，变张、王之今古”，使魏晋流风一变而尽，形成瘦润华逸、刚柔相济的独特风格。所以，褚遂良是真正开启和树立唐代书法门户和品格的第一人，而他的楷书作品是唐人书法独具风格、自成面目的标志性代表。纵观唐代的书法艺术，自唐高宗以后，大书法家如薛稷、徐浩、颜真卿、柳公权等，莫不受褚遂良的影响，几乎与唐朝相始终。所以，清人刘熙载在《艺概·书概》中称誉他是“唐之广大教化主”，可谓至言。

第五节　彩笔绘丹青

一、右相驰誉丹青

唐朝，相对来说社会开放、政治开明，使各类人才辈出。绘画历来被视为小道，可在唐代，竟产生了以绘画技艺高明而登上宰相高位的佳话。唐初，曾在社会上流行两句话：“左相宣威沙漠，右相驰誉丹青。”[①] 其中的“右相”，就是指以绘画

① 《旧唐书》卷七七《阎立本传》，第2680页。

出名的阎立本。从这两句话里可以看出，在当时人的心目中，阎立本的绘画才能堪与左相姜恪扬威塞外立下的汗马功劳相提并论。还可以看出，唐人把绘画所起的政教作用看得与军事力量一样的重要。

作为著名画家，阎立本的绘画才能在各种题材作品中都有所展示，除了能画传统的宗教画外，对人物、车马、山水、田园、楼阁都无所不能。但是，他画得最多最好的，还是那些政治性题材的历史画和肖像画，这与唐朝统治者在文化政策上的提倡与导向有着密切的关系。阎立本顺应人物画在题材上的这一时代潮流，用画笔记录重大的政治事件，宣扬当代君臣的不朽功勋，反映贵族阶层的生活风貌，被誉为“丹青神化”。

《步辇图》 阎立本绘画

武德九年（626 年），唐太宗还是秦王时，就曾经命令阎立本画《秦府十八学士图》。

贞观十四年（640 年），吐蕃王松赞干布请求与唐王朝通婚，派遣使臣禄东赞前来长安朝见并转达此意，唐太宗答应将文成公主嫁给吐蕃王松赞干布。贞观十五年（641 年），松赞干布又派遣禄东赞前来迎娶文成公主。阎立本的《步辇图》，画的就是唐太宗接见禄东赞时的情景。画的主题思想很明确，既反映了唐王朝的民族政策，也反映了各族百姓希望和平的心声。画面上，唐太宗坐着步辇，有六位宫女或负肩或手扶，又有两位宫女打扇，后面还有一位宫女持着红色伞盖。画面的右方有三人，前面一位穿红袍而满脸虬髯的是典礼官，中间一位穿民族服装而拱手致敬的是禄东赞，后面一位穿白袍的是翻译。在这幅画上，可以欣赏到阎立本用画笔表现人物性格的艺术成就。远道而来的吐蕃使臣禄东赞穿着小团花衣，额头上有长长的皱纹，脸面容貌显示出质朴的神色，这不仅表现了诚恳、严肃的性格，还表现了吐蕃人所共有的民族气质。唐太宗是作为臣子的阎立本所要尊敬和赞颂的，所以，对于画面上的唐太宗形象自然要着力表现，而且表现得最为成功，这就是依靠形象的内心描绘表现出唐太宗对吐蕃使臣的嘉许和喜爱之情。《步辇图》最能反映阎立本绘画艺术技巧的主要特征：简练劲健的线描，单纯沉着的设色，人物面部的细致刻画。

开国功臣的肖像画如果能被列入皇宫功臣图中，这就成为每个功臣一生当中追求事业成功的顶点。唐太宗自然掌握这样一种心理，在贞观十七年（643 年）下诏，让阎立本把开国功臣的肖像画于凌烟阁上，以表彰他们的功勋，同时也作为对以后的群臣效忠朝廷、博取功名的一种激励。阎立本奉旨画像，格外认真，于是诞生了一件肖像画的杰出作品《凌烟阁功臣图》。从残存的魏征、秦叔宝、李勣等人的肖像看，阎立本充分利用不同的面部表情的描绘，以达到表现不同人物和体现不同人物身份和性格的艺术效果。

为配合唐太宗的民族政策，颂扬大唐帝国的空前强大和统一，阎立本与其兄阎立德一起在《王会图》《职贡图》中对那些入朝进贡的周边及远方少数民族首领及外国使臣有一番描绘，充分发挥了人物画的政教宣传作用。

相传为阎立本所画的《历代帝王图》，内容是古代十三个帝王的画像，既有创建伟业的英主，也有软弱无能的庸君。对于前者，如汉光武帝刘秀、魏文帝曹丕、晋武帝司马炎、周武帝宇文邕、隋文帝杨坚等，通过画面形象，主要表现其威武英明的庄严气质。对于后者，如陈废帝陈伯宗、陈宣帝陈顼、陈后主陈叔宝、隋炀帝杨广等，通过画面形象，主要表现其暗弱平庸的无力体态。又如画汉昭帝刘弗陵的面貌是文静丰颐，表现其从容沉着、宽厚有识；刘备则眉头紧锁，眼神中充满疑虑。总之，在描绘这些帝王形象的技巧上，阎立本把注意力集中在面部特征的表现上，抓住每个人物或放松或绷紧的嘴部表情，胡须的或软或硬、或疏或密，并通过或尖或圆、或大或小的眼睛和仰视、平视、低视的目光，以显示咄咄逼人的精神气概或平庸软弱的无神状态。

二、韩滉与《五牛图》

唐代中期，绘画作品在表现内容和艺术技法上都有所变化，如曾出朝为将帅、入朝为宰相的韩滉所画的《五牛图》就是明证之一。古代士人有“达则兼善天下，穷则独善其身”的人生理想和处世准则，如果表现在画家的笔下，那就是马和牛。前者可以象征致远，代表进取的济兼天下，后者可以象征

《五牛图》　韩滉绘画

任重，代表隐退的独善其身。从《五牛图》中可以隐约看出作为唐德宗时重臣的韩滉的微妙心境，也是当时现实社会中士人

心态的曲折反映。

从唐代绘画史的角度讲，从盛唐时期鞍马画的名手如云，到中唐时期耕牛图的崭露新貌，就表现出深刻的寓意，即经过安史之乱的打击，士人从读书做官而积极入世的人生观，逐渐向脱离世界而退身田园的养生观靠拢。

《五牛图》的画面布景简练，仅有一棵小树，着力表现牛的状貌。五头大牛，各有不同姿态，或低头吃草，或翘首而驰，或纵蹄而鸣，或回顾舐舌，或缓步而行，形态逼真，神情生动。在技法上既用简劲的笔致、粗重的线条，准确地画出了牛的形体结构，又用自然的着色，画出了牛的不同毛色，使整幅画显出深厚而朴实的艺术风格。